跨 学 科 课 程 丛 书　　杨 四 耕　　主 编

STEAM 课程的
设计与实施

印　霞◎主编

华东师范大学出版社

·上海·

图书在版编目（CIP）数据

STEAM 课程的设计与实施/印霞主编.—上海：华东师范大学出版社,2021
（跨学科课程丛书）
ISBN 978-7-5760-1747-2

Ⅰ.①S… Ⅱ.①印… Ⅲ.①课程设计—教学研究—初中 Ⅳ.①G632.3

中国版本图书馆 CIP 数据核字(2021)第 168259 号

跨学科课程丛书
STEAM 课程的设计与实施

丛书主编　杨四耕
主　　编　印　霞
责任编辑　刘　佳
项目编辑　林青荻
责任校对　邱红穗　时东明
装帧设计　卢晓红

出版发行　华东师范大学出版社
社　　址　上海市中山北路 3663 号　邮编 200062
网　　址　www.ecnupress.com.cn
电　　话　021-60821666　行政传真 021-62572105
客服电话　021-62865537　门市(邮购)电话 021-62869887
地　　址　上海市中山北路 3663 号华东师范大学校内先锋路口
网　　店　http://hdsdcbs.tmall.com/

印　刷　者　常熟市大宏印刷有限公司
开　　本　787×1092　16 开
印　　张　16.75
字　　数　144 千字
版　　次　2021 年 10 月第 1 版
印　　次　2022 年 8 月第 2 次
书　　号　ISBN 978-7-5760-1747-2
定　　价　52.00 元

出版人　王　焰

（如发现本版图书有印订质量问题,请寄回本社客服中心调换或电话 021-62865537 联系）

编　委　会

跨学科课程：学校课程变革的时代走向

课程即科目，课程即知识，这种观念在人们的心里根深蒂固。其实，自古以来，课程就是"无学科"的，只是后来才发生了分化。古代社会的课程是以综合为特征的，专门化程度很低，与严格意义上的分科课程根本不能相提并论。换言之，原始的课程其实是"跨学科"的，是以人们对自身和外部世界的初态认识为基础的，学科分化是近现代以来的教育杰作。今天的跨学科课程是课程发展过程的否定之否定，是对此时代复杂问题的一种教育回应。

什么是跨学科？20世纪70年代，很多学者从不同视角对这个概念进行了界定。奥地利学者埃里克•詹奇（Erich Jantsch）将教育或创新组织看作一个自上而下的金字塔系统：目的层次、规范层次、实用层次、经验层次。詹奇认为，对于每一组相邻的层次而言，上一层次都赋予了下一层次目的性意义，而跨学科就是在相邻的高层次目的指导下，低层次中不同学科间的协调。通过多个层次目的的协调，最终得出适用于整个系统的共同目标，该共同目标可更好地协调整个系统以适应外界的变化。因此，跨学科的"跨界"属性是明显的，具有纵向协调和横向互动特征。

何谓跨学科课程？我们认为，跨学科课程是整合两种及以上学科的观念与方法，以解决真实问题为抓手，进而催生跨学科思维的一种课程范式。从"目的—手段"维度看，跨学科课程以获得跨学科思维为目的，以跨学科观念和方法为手段，以解决真实问题为中介。它既是一种以跨学科思维为取向的课程理念，又是一种综合探究性质的课程形态。

一、跨学科课程是以跨学科思维培育为取向的课程

跨学科思维是一种整合思维，它通过移植、共融、联动、互补的作用机制实现学科整合，这些机制的本质就是跨学科思维，跨学科课程正是以这种整合思

维实现对真实问题的解决。跨学科思维是高阶整合思维,具有跨学科的问题意识、边界识别意识以及领域互动意识等思维特征。

跨学科课程着眼于跨学科思维培育和整体性人格培养。英国哲学家怀特海(Whitehead, A. N.)说:"教育只有一个主题,那就是五彩缤纷的生活。但我们没有向学生展现生活这个独特的统一体,而是教他们代数、几何、科学、历史,却毫无结果;……以上这些能说代表了生活吗?充其量只能说,那不过是一个神在考虑创造世界时他脑海中飞快浏览的一个目录表,那时他还没有决定如何将它们合为一体。"怀特海的观点是令人深思的:学科是单向的,生活实施完整的;学科不代表生活,生活需要智慧。联合国教科文组织国际教育发展委员会在《学会生存——教育世界的今天和明天》中指出:"目前教育青年人的方式,对于青年人的训练,人们接收的大量信息——这一切都有助于人格的分裂。为了训练的目的,一个人的理智认识方面已经被分割得支离破碎,而其他的方面不是被遗忘,就是被忽视;不是被还原到一种胚胎状态,就是随它在无政府状态下发展。为了科学研究和专门化的需要,对许多青年人原来应该进行的充分而全面的培养被弄得残缺不全。为从事某种内容分得很细或者某种效率不高的工作而进行的训练,过高地估计了提高技术才能的重要性而损害了其他更有人性的品质。"因此,超越学科,走向生活,推进跨学科课程是学校课程变革的一个走向。

二、跨学科课程是以解决真实问题为抓手的课程

化静态为动态、化抽象为具体、化知识为智慧,跨学科课程首先表现为课程内容的这些改变。同时,运用跨学科观念,解决真实问题,发展学习者的跨学科理解力,跨学科课程本质上是学习场景与方式的变革。在这里,学习即探究、即行动、即跨界、即问题解决。作为学习方式,跨学科课程突破了行为主义学习理论将学习视为行为刺激与改变的观点,也突破了认知学习理论将学习视为信息加工、存储与提取的个体认知过程的见解。跨学科课程视学习为发生于具体情境中的社会关联实践,是具体的、鲜活的,是多维社会关联与交往互动的。跨学科课程是一种解决真实问题的实践活动,具有实践性、情境性和社会性特征。

2015 年,联合国教科文组织通过的《教育 2030 行动框架》将社会情感学习

提上全球教育政策议程：教育不仅仅要关注认知学习，更要关注儿童识别和管理情绪、关心他人、做出负责任决定、建立积极人际关系及巧妙应对挑战性情境等社会情感能力的培养。所谓社会情感能力，就是学生在处理与自我、与他人以及与社会的关系中敏锐觉察和妥善应对的能力，其中既关涉"知道如何"的问题，又关涉"实践如何"的问题，是"认知"和"行动"的有机统一。佐藤学说：学习是建构客观世界意义的"认知性实践"，建构伙伴关系的"社会性实践"，探索自我的"伦理性实践"。把学习视为一种实践，一种建构客观世界的意义实践、编织自我同他人关系的交往实践、探索自我价值的生命实践，这是跨学科课程丰富多彩的学习面貌。

三、跨学科课程是以跨学科观念和方法为手段的课程

世界的整体性、复杂性需要跨学科观念和方法，需要学科间的融合与渗透。法国学者博索特曾把跨学科方法分成三种类型：一是线性跨学科，即把一门学科的原理运用到另一门学科中的做法；二是结构性跨学科，即在两门或两门以上的学科结合中产生新的学科；三是约束性跨学科，即在一个具体目标要求的约束下，实现多学科的协调和合作。跨学科观念和方法是两门或两门以上学科之间相互作用的一种观念和方法。这种相互作用可能从简单的观点交流到在一个领域内组织概念、方法论、认识论、术语、数据、研究和教学组织之间的相互融合，包含不同学科门类之间、学科和生活之间、自然科学和社会科学之间的多种合作形式。从跨学科的作用机制看，跨学科观念和方法比较有利于解决复杂问题。如果说单一学科方法旨在解决单一领域内的问题的话，跨学科方法则旨在整合不同学科观念和方法用以解决综合性的真实问题。

依据学科之间的整合程度与行动特性，我们可以将跨学科课程分为三种实践形态。一是多学科课程。多学科课程是在保留学科界限的前提下，用多个学科的视角、观念和方法探究一个问题或主题，由此催生多学科理解的课程实践形态。多学科课程的特点是既保持学科原有的逻辑体系，又在学科之间建立联系。二是融学科课程。融学科课程是将两种或两种以上学科融合起来，模糊学科界限以生成新的思维逻辑，在探究一个问题或主题中催生融学科理解的课程实践形态。如艺术课程融合了音乐、美术、戏剧、舞蹈等学科，就可以被视为融

学科课程。三是超学科课程。超学科课程是跨越所有学科的界限,围绕共同主题展开探究性学习,在解决问题的过程中发展超学科理解力。如综合实践活动课程就属于超学科课程范畴。

当然,学科课程与跨学科课程是相对的,二者并不是对立的,而是相互嵌入、相得益彰的。只有当学习者充分理解了学科逻辑、具备了学科思维,才能在不同学科之间建立内在联系,进而创造性地解决复杂的真实问题,发展跨学科观念和能力。同时,任何一门学科课程,只有与真实的生活世界发生联系,在学科之间建立起了真正的联系,才能充分发展学习者的学科素养。

杨四耕

2020 年 4 月 8 日于上海市教育科学研究院

目录

让孩子们自己动手完成他们感兴趣的、和他们生活相关的项目，从过程中学习各种学科以及跨学科的知识，是"奇妙的魔幻板"课程的追求。"奇妙的魔幻板"课程代表着一种教育哲学，这种教育哲学更注重学习的过程，而不是结果。从本质上来说，我们敢于让孩子们犯错，让他们尝试不同的想法，让他们听到不同的观点。我们希望孩子们获得能够应用于真实生活的知识，鼓励孩子们动手实践，从而找到自己想要的答案，达到潜能开发的目的。

环境问题是当今世界各国面临的重大问题。全球性的资源和环境危机，直接威胁着人类的生存和发展。保护环境，实现环境的"可持续性发展"是人类的历史使命。中学生有责任、有义务承担起保护环境的任务。"绿色环保"课程以学生自主学习和自主活动为主，让学生亲身经历环保活动，参与环保实践操作，获得环保直接体验和感悟,发展实际环保能力,从而促进新知识、新思想、新感情的产生。

第三章　学科融合：STEAM 课程的深度　　　　　　83

　　2013 年的《地平线报告(基础教育版)》将 3D 打印技术列为教育领域未来 4—5 年内待普及的创新型技术。"玩转 3D 打印"课程利用最新的 3D 打印技术,在诸多有趣且联系实际的案例中嵌入理论知识与建模技巧,让学生在学中做、做中学,为学生提供计算机新技术接触及应用的实践平台,培养学生的艺术素养和创新设计能力,更好更快地将创意转化成实物,使学生充分体验 3D 打印这项新兴的技术对生活和未来的作用,深刻感受新科技的魅力,大大拓宽学生的学习视野。

第四章　学习设计：STEAM 课程的姿态　　　　　　121

　　随着智能时代的到来,世界各国都将培养科技创新人才纳入国家的核心战略。近年来,随着基础教育新课程改革的不断深入实施,我国中小学创客机器人教育也有了较快发展,并成为中小学综合实践课程和技术课程的载体,其教育价值已获得社会认可。创客机器人集创新教育、体验教育、项目学习等思想为一体,契合学生富有好奇心和创造力的天性,培养学生的想象力、创造力及解决问题的能力。

第五章　教师参与：STEAM 课程的艺术　　169

"趣味 Scratch 编程"课程是以编程软件 Scratch 为载体的计算机编程课程。Scratch 软件是由麻省理工学院面向青少年开发的图形化编程工具。目前,儿童编程已经风靡各国,作为数字原住民的新一代青少年,对计算机深入的了解和学习是十分必要的。数字科技的发展对青少年提出了新的要求,他们必须学会利用计算机,从计算机的角度思考问题、解决问题,构建计算思维。"趣味 Scratch 编程"将是同学们通向计算机世界的引路人。

第六章　进入学科：STEAM 课程的智慧　　193

OM 模式是一种全新的培养学生创造能力的教学模式。为了更有效地解题,社会上的每一个有一技之长的人都可以成为教练或老师;家庭中的许多废物可以作为教学用具;解题的内容大多采用社会生活的热点;学生在 OM 活动中所用到的知识一部分来自传统教育,一部分源于社会生活。OM模式要求动脑与动手相结合、社会科学与自然科学相结合、科学与艺术相结合。将OM模式引入中学课堂,有助于学生创新精神和创造能力的培养。

第七章　校企合作：STEAM课程的推进　

无人机是当下最时尚、最热门的科技话题之一。在无人机领域,我国过去基本上是空白的,经过几年的不断发展,无人机已在我国植保、巡检、测绘、快递等多个领域得到应用,无人机产业已初具规模。为了培养青少年的科技创新意识,普及无人机基础知识,以人们最为熟悉的航拍无人机为切入点,"创意航拍无人机"课程应运而生。本课程的开设,有利于学生的综合素养的发展,培养学生全面学习的能力和创新实践的精神。

后记

前言

　　科技创新教育是全面贯彻党的教育方针,培养学生科学精神、动手实践能力的重要途径。通过科技创新教育,学生学会科学研究的基本方法,掌握多种科学思维方法。通过科技活动的参与,学生养成勤于动脑、善于动手、开阔视野、拓展思维、积极创新的习惯,形成人人爱科学、人人学科学的良好氛围,以科技教育促进德、智、体、美诸方面的全面发展。

　　上海市嘉定区南苑中学是地处城郊接合部嘉定工业园区内的一所公办初级中学。我校以"乐学"为办学理念,即学生"乐学善思",教师"乐教善导";秉承"德育见行,学习见效,特色见长"的办学目标。近几年来,我校以科技创新教育为突破口之一,在教育局、工业区管委会、科委的关心支持下,充分发挥学校教育在科普工作中的主渠道作用,有目的有计划地组织学生参加各种形式的科技活动,以科技创新教育来形成学校的特色。但是,学校在梳理课程规划的过程中发现了许多不足,比如科技课程在资源方面缺乏整体性统筹规划;科技师资队伍发展还不均衡;特别是课程实施需要进一步优化,课程内容需要进一步充实,活动载体需要不断丰富,课程评价要进一步完善……如何在科技课程中也达到"一触"惠及"全身"的效果? 如何充分利用各种社会资源开展科技活动? 在新形势下,如何把课堂里的科技教育、科技活动有机地结合起来? 这些问题成为了我校深入思考与探索的课题。

　　与此同时,随着信息技术和"互联网＋教育"的迅速发展,社会对具有创新思维和创新能力的人才需求急剧增长,培养理工科思维和能力的 STEAM 教育引起了广大教育研究者的普遍关注。

　　2016 年,教育部发布的《教育信息化"十三五"规划》指出:"有条件的地区要积极探索信息技术在'众创空间'、跨学科学习(STEAM 教育)、创客教育等新的教育模式中的应用,着力提升学生的信息素养、创新意识和创新能力,养成数字化学习习惯,促进学生的全面发展,发挥信息化面向未来培养高素质人才的支撑引领作用。"在国家政策倡导的同时,国内学术界对 STEAM 教育的相关研究也逐渐增多。

2017 年初,通过对我校所在的工业区的教师问卷调查发现,约 2％的教师对 STEAM 教育十分了解;38％的教师对 STEAM 教育比较了解;42％的教师对 STEAM 教育了解程度一般,占比最多。由此可见,STEAM 教育相关知识没能完全普及,但大部分的教师对 STEAM 教育多少都有些了解,并且有少部分教师自主性较强或是对 STEAM 教育感兴趣,进行了深入的学习。在对学生创新能力重要性的认识上,82％的教师认为学生的创新能力十分重要,18％的教师认为学生的创新能力比较重要。总体来说,教师普遍认为在学校开展 STEAM 教育,学生的创新能力、自主探究能力、动手实践能力、逻辑思维能力、提出问题及解决问题的能力、人际交往能力、表达能力和小组合作能力都有不同程度的提高。全体教师都认为根据现在的社会发展需求,培养学生的创新能力是重要的,是学校的教育任务。结合调查问卷和实地调研情况来看,工业区学校均开展了 STEAM 教育,其中大部分学校通过社团的形式开展 STEAM 教育。同时,学区内部建立了 STEAM 教师团队,但创立时间不长,且教师学科覆盖不全。在学科内容方面,中小学课程内容都或多或少地参与到 STEAM 教育中,主要以数学、美术、信息技术为主,其他学科融合情况一般。区域中小学校开展 STEAM 教育主要有三种路径:第一种是基于社团的 STEAM 学习;第二种是借助学校创客空间和各级各类竞赛衍生的 STEAM 应用;第三种是基于 STEAM 课程体系的 STEAM 教育。就实际情况来看,开展 STEAM 教育的基本思路还是以赛促教为主,并没有聚焦于 STEAM 教育的课程体系,难以真正实现学科知识点的融合。

"建设 STEAM 理念下的普通初中科技综合课程"(以下简称"STEAM 课程")就是在这样的现实状况下提出来的。STEAM 是科学、技术、工程、艺术和数学相融合的教育。分学科的研究是学校课程教学的基础,而跨学科学习可以促进教师不同学科领域的知识丰厚,更可以发展不同领域学科教师的协同合作。跨学科融合的目的并非知识的简单叠加,而是通过知识统整更好地培养学习者的问题解决能力和创新能力。

学校以七大类重点科技项目(创客机器人科目、OM 科目、魔幻板科目、Scratch 编程科目、3D 打印科目、航拍无人机科目、绿色环保科目)为主,通过分科技类别、分科学技术层次高低、分年级目标等,研究实现学校科技综合课程的系列化。

STEAM 课程主要以拓展型课程形式呈现,主要对象为我校各年级学生。这个课程由三个模块构成:一是侧重知识普及类的,由"绿色环保""干细胞再造""垃圾分类"等课程构成的"科普之约"模块;二是侧重动手技能类的,由"创意航拍""趣味编程""创客机器人"等课程构成的"智慧之门"模块;三是侧重跨学科合作类的,由"玩转 3D 打印""奇思妙想 OM""科幻艺术"等课程构成的"强者之路"模块。三个模块课程的难易程度不同,从"科普之约"模块到"智慧之门"模块再到"强者之路"模块的难度呈阶梯式上升,所以对于参与不同模块课程的学生在学习习惯、学习能力、思维品质、动手能力等方面的要求也略有不同。"科普之约"模块课程适合全体学生,课程重点设置在六、七两个年级,主要是通过宣传使学生了解掌握基本的科学知识与技能,引发学生的科普学习兴趣。"智慧之门"模块课程适合具有一定动手能力和学习能力的学生,课程重点设置在七、八两个年级,主要通过动手实践使学生掌握科学技能,帮助学生体验成功的喜悦。"强者之路"模块课程适合具有创新品质、科学素养的学生,课程重点设置年级没有限制,其通过多学科内容整合、跨学科研究等多途径使学生解决实际问题,引导学生经历科学探究的过程,满足学生个性发展需要,培养学生的创新精神和科学素养。

教师作为教学过程中的关键要素,其质量优劣和素质高低将直接影响整个教学效果。因此,我们通过以学校自育为主,专家培育、校企共育等多种形式参与的立体交互式培训体系的建立,造就了一支师德高尚,具有 STEAM 教育理念和创新意识,掌握现代教育技术手段,专业基础扎实,教学能力上乘的教师队伍。

我们也打破了原有的"1 + 1"科技拓展课堂模式,形成"1 + T + R"的课堂新模式。"1 + 1"指"1"堂课由"1"名教师上课的传统科技教学模式;"1 + T + R"模式中,"1"是指一堂课,"T"是指 1 位教师,"R"是指资源,它可以是人、项目、课程包、校外实验场,以及线上学习资源等。"1 + T + R"课堂模式是指 1 节课由 1 名教师和一些资源联合备课和上课的模式。

教师的研训活动需要跨学科的教研团队。这个团队由区级、校级骨干教师自愿报名,成员覆盖初中语文、数学、英语、物理、化学、生物、政治、历史、地理、科学、体育和心理等 12 个学科。团队倡导理论与实践相结合,跨学科融合,强化综合科研实践、综合教学实践,在做中学,在教育教学改革中学,知行合一。团队成员虽学科不同,但相互帮助,相互激励,平等对话,共同进步。

第一章
价值整合：STEAM 课程的旨趣

　　让孩子们自己动手完成他们感兴趣的、和他们生活相关的项目，从过程中学习各种学科以及跨学科的知识，是"奇妙的魔幻板"课程的追求。"奇妙的魔幻板"课程代表着一种教育哲学，这种教育哲学更注重学习的过程，而不是结果。从本质上来说，我们敢于让孩子们犯错，让他们尝试不同的想法，让他们听到不同的观点。我们希望孩子们获得能够应用于真实生活的知识，鼓励孩子们动手实践，从而找到自己想要的答案，达到潜能开发的目的。

　　随着越来越多的学校开设 STEM 或 STEAM 或"STEAM＋"教育课程，STEAM 教育在国内不断扩大，也受到越来越多的教育界人士、家长、学生的重视和欢迎。同时，越来越多的企业带着研发的课程产品进入校园，这个过程中不乏有一些很有亮点的企业教育产品。如我校的魔幻板科目产品确实拓展了学校教育空间，提升了学校课堂教育教学品质和内涵，也实实在在地为学生提供了一种动手做的课堂体验，使学生参与以活动、项目、问题解决为基础的学习，让他们在不断创造、设计、建构、发现与合作中解决问题，从此一些惯有的课堂教学模式被打破，教师的教育教学理念和方式得到更新和发展。

课程纲要　奇妙的魔幻板

　　魔幻板是一种低结构平板型塑料材料，采用食品级材料制作而成，可以任意剪裁、折叠、弯曲、组合，色彩丰富、灵活多变，任意立体平面造型均可自由驾驭，学生学习简单的使用方法后能做出许多具备个人风格的作品。与魔幻板配套使用的配件有铆钉，将两张魔幻板的圆孔对齐，铆钉插进去，然后轻轻一摁，两片魔幻板就连接在一起了，同时还可以 360°无死角转动。由于魔幻板本身的造型以及用铆钉连接的使用特性，其材料在物质层面具有连接其他材料模块的兼容优势，如纸张、木板、传感器等，只要有圆孔就能相互自由结合，充分发挥学生的动手能力，释放学生的想象力。我校以校企整合搭建"绿色创新学习"平台，推进学校"STEAM＋"创新教育，并于 2015 年与上海乐田教育科技有限公司积极引入科技创新教育课程"奇妙的魔幻板"。

一、课程背景

　　"奇妙的魔幻板"课程不仅仅提倡学习"STEAM＋"中科学、技术、工程、艺术、数学这五个学科知识，更提倡一种新的教学理念：让孩子们自己动手完成他们感兴趣的、和他们生活相关的项目，从过程中学习各种学科以及跨学科的知识。从本质上来说，我们敢于让孩子们犯错，让他们尝试不同的想法，让他们听到不同的观点。与考试相反，我们希望孩子们获得能够应用于真实生活的知识，鼓励孩子们动手实践，从而找到自己想要的答案，达到潜能开发的目的。

"奇妙的魔幻板"课程的开设和实施以"激发科学兴趣，培养创新意识，增强动手能力"为目标，发展探究能力和创新精神，以"陶冶学生情操，完善学生人格，丰富学生科技活动"为宗旨，积极组织和引导学生亲近科学、勇于探索，扎实有效地开展新世纪科技制作活动，从而让更多的学生能体验创新、体验创造。我校有着深厚的科学文化资源和师资优势，将魔幻板科目作为学校科技课程科目持久、有效地开展下去，是新课程赋予我们在科普工作中的新使命。

二、课程目标

① 参与魔幻板的设计、加工、制作过程，感受利用各种材料工具制作带来的快乐，体验活动带来的科学知识的魅力。

② 理解科技制作的原理，掌握动手操作技巧，学会将一个原理应用到其他领域，形成触类旁通的思维能力。

③ 学会基本的思维方式，主动运用自身掌握的能力去解决生活中的问题，学会运用科学的探究方式分析项目中的问题并寻找解决办法。

三、课程内容

我校"奇妙的魔幻板""STEAM＋"创新课程除了前言及期末总结外，有六个模块：我的私人直升机、妈妈的好帮手、空中水精灵、小小气象家、和雾霾说"不"、植物之家。

模块1：我的私人直升机

本模块的主要目标是：了解直升机的基本结构组成，了解直升机的用途。具体内容是：学习使用魔幻板搭建直升机结构。

模块1成品示例图

模块2：妈妈的好帮手

本模块的主要目标是：认识雨水传感器，了解雨水的成分，知道雨水和纯水有什么不同，了解地球的水循环。具体内容是：学会用编程软件编写出雨水关窗提醒器的实验；能够制作一个雨水关窗提醒器的造型，并配合传感器使用；能进一步思考如何实现自动关窗。

模块2成品示例图

模块3：空中水精灵

本模块的主要目标是：认识空气温湿度传感器，了解各种环境中空气湿度的大小以及过高过低的空气湿度给人们带来的影响。具体内容是：学会用编程软件编写出空气湿度探测器的实验；能够制作一个空气湿度探测器的造型，并配合传感器使用；能够研究学校不同地点的空气湿度并分析。

模块3成品示例图

模块4：小小气象家

本模块的主要目标是：认识大气压传感器，了解影响大气压的因素，了解大气压的应用。具体内容是：学会用编程软件编写测量大气压的实验；能够制作一个大气压检测仪的造型，并配合传感器使用；能够通过实验改变测量出的大气压的数值。

模块4成品示例图

模块5：和雾霾说"不"

本模块的主要目标是：认识粉尘传感器，了解PM2.5的危害，知道如何控制大气污染。具体内容是：学会用编程软件编写出粉尘浓度检测的实验；能够制作一个粉尘浓度检测仪的造型，并配合传感器使用；能够分析学校不同地点粉尘浓度不一致的原因，并比较不同的结论。

模块5成品示例图

模块 6：植物之家

本模块的主要目标是：认识二氧化碳传感器，认识氧气传感器，知道二氧化碳浓度、氧气浓度对植物生长的影响，了解温室的作用、与生活的关系。具体内容是：学会用编程软件编写出智能温室的实验；能够制作一个智能温室的造型，并配合传感器使用；学会其他材料与魔幻板的结合使用。

模块 6 成品示例图

四、课程实施

"奇妙的魔幻板"课程实施时间为一学期，安排 16 课时，同时安排了 4 课时的机动内容用于作品展示与评价，共计 20 课时。"奇妙的魔幻板"课程作为学校特色课程，在"自主拓展课程"项目中实施，由对本课程有兴趣的六、七年级学生自主选择修习。

本课程由学校科技教研组具体实施，在实施过程中做到有计划、有措施，精心备课，认真上课，确保达到预期的课程目标。具体需要的课程资源有：教学资源的研发，包括教案、PPT、配套视频的制作等，共 12 套；纸质教材的内容准备，设计、排版、印刷、制作，共 25 本；魔幻板制作套装，共 100 套；制作专用的工具包，共 50 套；应用与传感器模块的可视化编程软件，共 25 套；雨水传感器课程套件，共 8 套；空气湿度课程实验套件，共 8 套；大气压课程实验套件，共 8 套；粉尘传感器课程实验套件，共 8 套；智慧种植课程实验套件，共 8 套；传感器模块箱，涵盖大部分实验用到的传感器模块，共 8 套。

本课程通过兴趣激发、创意搭建、情景演绎、赛事学习、展示评价等一系列方法来让学生在动手制作和实验探究的过程中获取基本科学知识和原理，提高动手能力和表达能力。

（一）兴趣激发

每一个主题项目的学习阶段，老师都会以游戏和活动的形式拓展相关学科知识点，同时对造型和功能提出详细的要求和目标，辅之以考核评价标准。在教学活动实施中，针对学生年龄及心理特点，以形象、具体、生动、活泼的形式开展活动,并且设计富有趣味性的教学方法,让学生学有所得、学有所乐。

(二) 创意搭建

根据主题设计,团队讨论造型结构,分工合作。在课堂里,每一位同学都是"小艺术家""小工业设计师",完成不同造型的搭建和传感器的初级应用,发现并体验美好的事物,锻炼创新意识和在生活中发现问题、解决问题的能力。教师在教学活动时要把握好观察演示与实践体验的比例,既要使学生获得感性认识,也要注重培养其发散的思维,从而开阔学生视野,启迪学生智慧,引导学生在积极主动的参与过程中体验与感悟,实现知识与技能、方法与能力的综合培养。

(三) 情景演绎

学期末是学生综合能力提升的阶段,学生根据主题设计,自编自导自演舞台剧或者话剧,培养组织能力、合作能力、语言能力、团结精神等。定期举办科技作品展示活动,鼓励学生动手、动脑,积极参与,提高广大师生对科技活动的认识水平,使学生感受到科技创新的魅力。

(四) 赛事学习

"奇妙的魔幻板"课程是提升学生创新思维和创新能力的创新课程,也会为学生提供比赛支持。我们鼓励学生在学习生活中发现问题并解决问题,在帮助学生将想法实现的同时也会将一批优秀的学生推向比赛,在比赛中开阔他们的视野,锻炼他们的自信力、创新思维和动手能力。

(五) 展示评价

根据课程内容,每项模块活动结束后,教师会安排1课时让学生通过演讲、小品表演、舞蹈、情景剧等形式进行成果展示,再通过一定的评价量规进行评价。

在教学活动中,教师的主要任务是给予指导和帮助,教师的作用贯穿于整个活动课程。学生活动采用自主、合作、探究的理念,体现学生的主体性。如:学生实践前的尝试,实践过程中的观察与发现,实践后的拓展与延伸。学生在活动中,具有较大的自主权,可最大限度地发挥自己的主观能动性。

五、课程评价

对该课程开发和实施的评价,是提高学校科目开发与实施质量的保证。我们采用了展示性评价、评选性评价、参与性评价三种方式来进行学生评价，并对上课的教师进行课堂评价，实现对该课程实施过程的评价，达到改善教学设计，优化教学过程，从而促进学生的发展和课程的建设的目的。

（一）展示性评价

学生完成每个主题作品之后，由小组组员在班级里进行小组作品展示，展示形式有作品介绍，融合作品元素或主题的小组表演等，教师在这个过程中下发评价表，通过学生自评、互评和老师评价来体现最终评价。具体见下表。

"奇妙的魔幻板"课程展示性评价表

活动主题：　　　　　　　　　　　　　　　　　　　　年　月　日

评价项目	具体内容	评价等级			合计
		自评（20分）	组内互评（30分）	教师评价（50分）	
实践表达	积极动脑，善于用文字、语言、图画等进行表达				
	手脑并用，用作品形象地进行表达				
成果展示	图纸：设计构思新颖，形象清晰，尺寸合理				
	作品：符合设计理念和规格，有新意并做工精致				
	美化：装饰点缀合理巧妙，色彩明快				
	演讲：精神饱满，主题清晰完整，语言流畅，表演得体				

（二）评选性评价

学期结束时，对于参与课程的学生，任课教师会根据不同的评价点，鼓励性地选出一些小组进行表彰。

① 最佳创意奖。小组每个主题的作品都极富创意，并且能在基础造型上，有创意、有创新地增加新内容。

② 最佳合作奖。小组成员间乐于合作,积极沟通,在制作过程中能够合理分工,互相帮助,团队的效率高。

③ 最佳进步奖。小组成员从学期开始到学期结束有较大进步(作品造型美观度、课堂表现、组员关系)。

④ 最佳表达奖。小组成员在作品展示时,能够精神饱满地进行演讲,主题清晰,语言流畅,表演得体。

(三) 参与性评价

针对每个学生一学期的学习情况,我们采用了期末评价的方式对每个学生逐一进行评价。

情感态度方面:① 对新事物充满好奇,善于发现,追求独特;② 自主学习,独立思考,敢于质疑,大胆提出设想和建议。

团队合作方面:① 乐于合作,积极沟通,主动配合;② 尊重他人,学会倾听,欣赏他人的作品;③ 合理分工,互相帮助,提高团队的效能。

学习技能方面:① 善于选择工具,安全使用;② 设计合理,步骤清晰;③ 合理取材,节约用材;④ 多渠道收集、处理信息。

实践表达方面:① 积极动脑,善于用文字、语言、图画等进行表达;② 手脑并用,用作品形象地进行表达;③ 作品有新意,与社会环境有联系。

成果展示方面:① 图纸:设计构思新颖,形象清晰,尺寸合理;② 作品:符合设计理念和规格,做工精致;③ 美化:装饰点缀合理巧妙,色彩明快;④ 演讲:精神饱满,主题清晰完整,语言流畅,表演得体;⑤ 展板:标题醒目,语言简洁,图文并茂,设计清新。

每个内容的评价分为"非常好""良好""一般""还需努力"四个等级,采取学生自评、学生互评、教师评价、综合评价四种评价方式来进行评价。

课程图谱　创意与设计的融合

本课程融合 STEAM 教育元素,即将"科学""技术""工程""艺术""数学"这五个元素结合在一起,通过计算机编程、制作魔幻板作品、演讲表演等现代元素的融合将学生的创造力发挥到极致，寓教于乐，开发学生在互联网时代的潜能。具体融合的情况见下图。

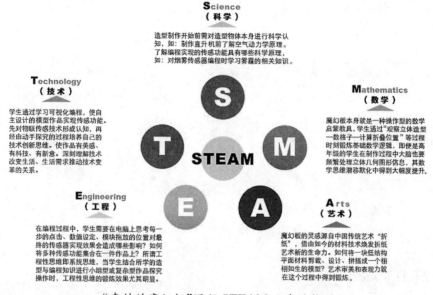

"奇妙的魔幻板"课程 STEAM 元素结构图

其中"S"对应着科学，本课程每个相关的主题活动中都涉及了基本科学原理的渗透。

"T"对应着技术，即对学科的掌握程度。通常我们所说的一个人有一技之长，就代表这个人掌握了这门技术。本课程技术元素主要体现在学生各项创意制作活动中。

"E"对应着工程，一个人通过个人的技术将这一切流程化，就是工程，也是技术的泛群化，也指将技术用于实践生活中。本课程的工程元素体现在对作品的前期创意设计和材料组织运用中。

"A"对应着艺术，在过去的教育中，人们并不是很重视艺术这一块。但是随着科技的发展，文艺的作用也逐渐凸显，于是在 STEM 教育的基础上加上了"Arts"，音乐、美术、舞蹈都在该范畴。本课程中艺术元素的体现不仅包括作品的艺术性和创意性，还包括对作品的展示、演绎和评价。

"M"对应着科学的基础数学。在计算机领域，人们普遍认为世界是由 0

和 1 组成的,任何自然现象都可以用数学知识来进行解释。本课程的数学元素的体现主要是计算机编程中的逻辑、拼接、设计需要的尺寸、数据的整合等。

学习手册　现实问题与研究性学习

课例 1　我的私人直升机

◎　**有的放矢**

　　① 知识目标:了解直升机的基本结构组成,了解直升机的用途。

　　② 技能目标:学会使用魔幻板,掌握方柱与体块连接技巧。

　　③ 情感价值目标:能够通过直升机,了解科技发展迅速;能够热爱科技,享受科技带来的美好生活。

◎　**博学明辨**

　　1. 学习基础知识直升机的用途

　　直升机按照用途分类,可以分为武装直升机、搜救直升机、运输直升机等。

　　2. 直升机的结构

　　了解单旋翼带尾桨的直升机,其基本组成部分有:旋翼、尾桨、动力装置、传动系统、操纵系统、起落装置、机身和仪表特种设备等。

◎　**动手时间**

　　1. 制作器材准备

　　魔幻板若干张、铆钉两包、剪刀一把。

　　2. 制作步骤

　　步骤一:将魔幻板按照下图的样子剪好,划红线的部分剪开,但是注意不要剪断。

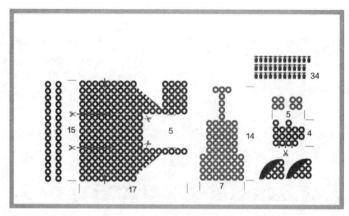

魔幻板图样

步骤二：制作机身，用铆钉连接好飞机尾部。

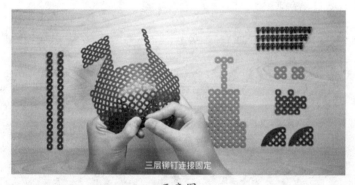

示意图

步骤三：制作好机身形状。

示意图

步骤四：连接直升机侧面。

示意图

步骤五：继续连接后侧面部分。

示意图

步骤六：制作尾梁。

示意图

步骤七：用扇形魔幻板制作垂直翼。

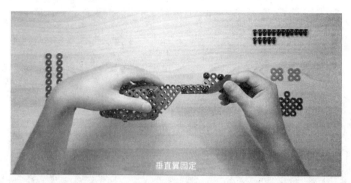

示意图

步骤八：制作旋翼轴，并固定在直升机上。

示意图

步骤九：用两条长条形的魔幻板作为旋翼，并固定好。

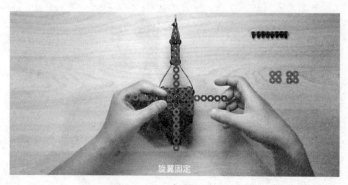

示意图

步骤十：用一个 2×2 的魔幻板作为窗户，再加一些装饰，让它成为学生的专属直升机。

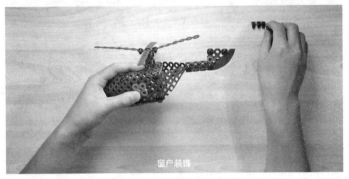

示意图

完成后的作品：

示例造型

◎ 闪亮登场

师：大家做好直升机，并且加入个性化的装饰以后，请到讲台上来和同学们分享一下自己的直升机，有哪些特色，有什么功能。

课例 2 妈妈的好帮手

◎ 有的放矢

① 知识目标：认识雨水传感器，复习数码显示管、录放音模块的使用；了解雨量等级的分类；了解雨水的成分、和纯水的不同；知道雨和雪是如何形成的。

② 技能目标：学会用编程软件编写出雨水报警器的实验；能够制作一个雨

水报警器的造型，并配合传感器使用；能进一步思考如何实现自动关窗。

③ 情感价值目标：能够和小组同学协作完成制作任务；能够更加关心家庭，和家庭成员互相关爱。

◎　**创意空间**

师：同学们，有没有办法在下雨的时候使衣服能自动收进来或者告诉家里人要赶紧收衣服呢？可以从改进阳台、电子设计、改进晾衣竿等方面来考虑，填写表格。

创意方法汇总表

想到的方法	需要用到的材料或操作

◎　**博学明辨**

1. 学习基础知识雨和雪的形成

2. 认识雨雪感应模块

雨雪感应模块是可以测量是否有雨水、雪水落在上面的传感器。感应面上雨水越多，导电性越强，外接的数码显示管上显示出来的数字就越大，但最大不会超过100。正常没有别的物体接触到感应面时，数码显示管显示出来的数字是0；用纯水来实验时，显示出来的数字也是0；水的导电性越强，水量越多，数字越大；当然我们用一个导电性很强的物体（如钥匙）放在感应面上，数据能直接读到100。

雨雪感应模块

雨雪感应模块和主控板的接线比较复杂，需要跳线，即，原先传感器上的接口和我们主控板的接口不匹配，需要人工将导线每一根的线序进行调整。如果同学们遇到跳线的模块，请不要将模块上原来配的线拔下来，以免和正常的导线混淆。雨雪感应模块经过跳线之后，可以接在主控板的 1、2、3、4 号口。

3. 复习录放音模块

录放音模块，顾名思义，是录制和播放声音的模块，如图示的方向，下排从左往右有三个按键，分别是"REC"（按住录音，最多可以录 10 秒）、"PLAYE"（按住放音）、"PLAYL"（按一下放音），还有两个拨码，直接全部推到上方（远离"NO"）。录好的声音需要通过小喇叭或者耳机播放出来，课程中的套件提供小喇叭给学生使用，通过三芯导线将其和主控板连接，可以连接到主控板的 1、2、3、4、5、6 号口。

4. 复习小喇叭

可以把它当作耳机或者音响，接上录放音模块和语音模块，能听到这两个模块放出的声音，不能调节声音大小。使用二芯导线将其和录放音模块、语音模块连接。

5. 复习数码显示管

数码显示管是一个可以显示四位数字的模块，通常和其他模块搭配使用，显示模块获取的数据（如温度、湿度、大气压、氧气等的相关数据）。使用四芯导线和主控板连接，可以接到主控板上的 8、9、10、11 号口。

◎ **动手时间**

师：结合刚刚所学的传感器，请设计一个下雨了能提醒收衣服的雨水报警器，先动手画一画报警器的设计图，注明每一部分的作用。画完了各自的设计图，下面我们要动手实现它，先根据步骤学习一下传感器部分的搭建。

1. 实验器材准备

主控板一个、雨雪感应模块一个、录放音模块一个、小喇叭一个、数码显示管一个、二芯导线一根、三芯导线一根、四芯导线一根、电池盒一个、电池三节。

2. 实验步骤

步骤一：插入加密狗，双击打开"魔法软件"。

插入加密狗到电脑上　　　　　"魔法软件"截图

步骤二：从模块库中找出雨雪感应模块、录放音模块、数码显示管拖入连接图，按下锁定键，如图所示。

模块连接图

步骤三：新建任务，将雨雪感应模块拖到输入区，数码显示管拖到输出区。分别双击雨雪感应模块和数码显示管进行设置，雨雪感应模块的功能选择为"获取数据"，数码管的功能选择为"显示数据"，如图所示。

任务设置图

雨雪感应模块设置图　　　　　　　　数码显示管设置图

步骤四：新建任务，将雨雪感应模块拖到输入区，录放音模块拖到输出区。分别双击雨雪感应模块和录放音模块进行设置，雨雪感应模块的功能选择为"数据比较"，条件 1 为"大于""20.0"，录放音模块的功能选择为"选择状态"，状态 1 为"开"，如图所示。

任务设置图

雨雪感应模块设置图　　　　　　　　录放音模块设置图

步骤五：将雨雪感应模块、录放音模块、数码显示管、主控模块按照传感器连接图位置连接起来。

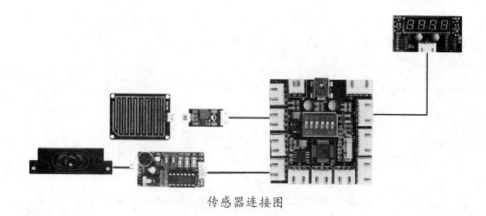

传感器连接图

步骤六：打开主控板电源，点击软件右下角的"写入主板"，使用录放音模块录一段提醒关窗的音频，实验完成！

3. 实验结果

① 当雨雪感应模块上有水的时候，数码显示管会显示数值，水越多，数值越大。

② 当数码显示管显示的数字大于20，录放音模块就会播放刚刚录好的声音。

4. 造型搭建

传感器的搭建完成后，发挥想象力，用魔幻板给雨水报警器做一个好看的造型。

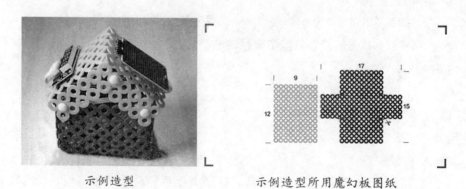

示例造型　　　　　　　　　　示例造型所用魔幻板图纸

◎ 闪亮登场

作品完成后，每个小组会拿到一张空白的 A4 纸，请每组放置好自己的作品，小组学生走到教室外面背对教室，老师不定时开始往 A4 纸上浇水（注意：

除了雨水传感器的探头,其余地方不能接触到水),开始浇水的同时开始计时,比一比哪个小组同学最先发现老师浇水了,跑进教室里。

◎ 学以致用

师:在滑铁卢会战前一天,拿破仑亲自指挥军队追击已经逃过一劫的英军,然而,天空下起了瓢泼大雨,雨势太大以致法国军队不得不停止追击。一场大雨让英军得以绝处逢生,那雨量的大小我们如何来判断呢? 先看看雨量等级的划分。

雨量等级划分表

24 小时内降雨量/mm	雨量等级
0—10.0	小　雨
10.0—24.9	中　雨
25.0—49.9	大　雨
50.0—99.9	暴　雨
100.0—249.9	大暴雨
250.0 以上	特大暴雨

用我们这个单元所学的雨水传感器和数码显示管,同学们能设计出反应雨量大小的装置吗?

① 如果不用在下雨天报警,我们的"雨水报警器"还可以用在哪些地方?

② 我们这次做的装置只能实现报警的功能,那么怎样实现自动收衣服的操作呢?

课例3　空中水精灵

◎ 有的放矢

① 知识目标:认识空气温湿度传感器,复习数码显示管、录放音模块;了解空气湿度的含义;知道人体感觉最适宜的空气湿度大小以及过高过低的空气湿度给人们带来的影响。

② 技能目标:学会用编程软件编写出空气湿度探测器的实验;能够制作一个空气湿度探测器的造型,并配合传感器使用;能够研究学校不同地点的空气

湿度并分析；学会人工加湿或降湿的方法。

　　③ 情感价值目标：能够和小组同学协作完成制作任务；能够熟悉校园，了解校园，热爱学校，关心学校。

◎　**创意空间**

　　师：对抗室内空气湿度的高或者低其实有很多方法，同学们可以先思考一下，填写一下表格。可以从物理方式、电子设备等思路思考。

对抗室内空气湿度方法记录表

对抗空气湿度过高	对抗空气湿度过低

◎　**博学明辨**

　　1. 学习基础知识空气湿度

　　2. 认识空气温湿度模块

　　空气温湿度模块可以同时测量空气温度和空气湿度，接上数码显示管后读到的空气温度数值单位是摄氏度（℃），精确到个位数；能读到的空气湿度数值单位是百分比（%），精确到个位数。但是在所用的编程软件中，空气温度和空气湿度是两个模块，学生需要仔细辨别。使用三芯导线将其和主控板连接，可以连接到主控板的1、2、3、4号口。

空气温湿度模块

　　4. 复习数码显示管

　　5. 复习录放音模块

录放音模块　　　　　　　　　　小喇叭

6. 复习小喇叭

◎ **动手时间**

师：结合刚刚所学的传感器，请设计一个可以方便地看到当前空气湿度情况的探测器，先动手画一画探测器的设计图。画完了各自的设计图，下面我们要动手实现它，先根据步骤，学习一下传感器部分的搭建。

1. 实验器材准备

主控板一个、空气温湿度模块一个、数码显示管一个、录放音模块一个、小喇叭一个、三芯导线两根、四芯导线一根、电池盒一个、电池三节。

2. 实验步骤

步骤一：插入加密狗，双击打开"魔法软件"。

步骤二：从模块库中找出空气湿度模块、数码显示管、录放音模块拖入连接图，按下锁定键，如图所示。

模块连接图

步骤三：新建任务，将空气湿度模块拖到输入区，数码显示管拖到输出区。分别双击空气湿度模块和数码显示管进行设置，空气湿度模块的功能选择为"获取数据"，数码显示管的功能选择为"显示数据"，如图所示。

任务设置图

空气湿度模块设置图　　　　　　　　数码显示管设置图

步骤四：新建任务，将空气湿度模块拖到输入区，录放音模块拖到输出区。分别双击空气湿度模块和录放音模块进行设置，空气湿度模块的功能选择为"数据比较""大于""70"，录放音模块的功能选择为"状态选择""开"，如图所示。

任务设置图

空气湿度模块设置图　　　　　　　录放音模块设置图

步骤五：将空气温湿度模块、数码显示管、录放音模块、小喇叭、主控模块按照传感器连接图所示位置连接起来。

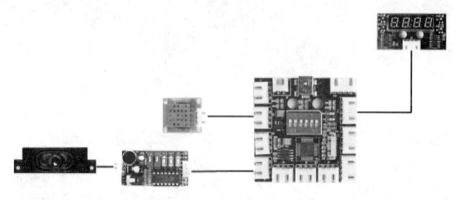

传感器连接图

步骤六：打开主控板电源，点击软件右下角的写入主板，使用录放音录一段提醒空气湿度过高的音频，实验完成！

3. 实验结果

① 能在数码显示管上看到现在空气湿度的数值，当空气湿度发生变化的时候，数值会跟着变化。② 当数码管显示的数字大于 70，录放音就会播放出刚刚录好的声音。

4. 造型搭建

传感器的搭建完成后，用魔幻板给空气湿度探测器做一个好看的造型。

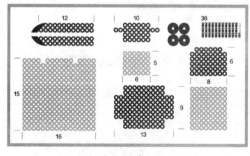

示例造型所用魔幻板图纸

示例造型

◎　闪亮登场

植物，尤其是阔叶植物，都会有蒸腾作用，即植物可以将根部吸收的水分转化为水蒸气，通过叶子上的气孔蒸发到大气中，有降低叶子温度、帮助叶子中水和无机盐的运输等作用。植物的蒸腾作用是很强烈的，会蒸发大量的水分。当大量的植物聚集在一起时，是否会对周围的空气湿度有影响呢？

请学生设计一个探究活动，验证自己的想法。

◎　学以致用

师：这次学习的是空气温湿度模块，我们课堂上是学习了测量湿度的这个用途，可以思考一下，是否可以设计一个装置，用上测量温度的这个功能。

① 能不能设计一个可以自动调节空气湿度的装置，湿度高了可以除湿，湿度低了可以加湿。

② 今天做的空气湿度探测器还能做哪些改进？

③ 怎么减少空气湿度过高或者过低带来的负面影响？

◎　知识拓展

教师介绍加湿器和除湿机的工作原理。

课例 4　小小气象家

◎　有的放矢

① 知识目标：了解大气压的定义，知道标准大气压；了解大气压在气象、地理上的应用；认识大气压传感器，复习数码显示管。

② 技能目标：学会用编程软件编写出大气压测量仪的实验；能够制作一个大气压测量仪的造型，并配合传感器使用；学会人工增加大气压和减少大气压的方法；能解释一些常见的与大气压有关的物理现象。

③ 情感价值目标：能够通过具体事例，感受大气压的存在；能够熟悉校园，

了解校园,热爱学校,关心学校;能够热爱大自然,增强环保意识。

◎　**创意空间**

　　师:其实大气压无处不在,只是很多时候我们感受不到,想一想,我们在生活中有哪些利用大气压的例子呢? 可以先写一写,和同学们讨论一下。

◎　**博学明辨**

　　1. 学习基础知识大气压

　　2. 认识大气压模块

　　大气压模块可以让人方便地读取当前位置的大气压数值,单位为千帕,精确到小数点后一位,即标准大气压在这个模块上显示为 101.3。使用四芯导线将其和主控板连接,可以连接到主控板的 9 号口。

大气压模块

　　3. 复习数码显示管

◎　**动手时间**

　　师:结合刚刚所学的传感器,请设计一个可以读到现在大气压数值的装置吧,先动手画一画装置的设计图,再根据步骤搭建传感器。

　　1. 实验器材准备

　　主控板一个、大气压模块一个、数码显示管一个、三芯导线一根、四芯导线一根、电池盒一个、电池三节。

　　2. 实验步骤

　　步骤一:插入加密狗,双击打开“魔法软件”。

　　步骤二:从模块库中找出大气压模块、数码显示管拖入连接图,按下锁定键,如下页图所示。

　　步骤三:新建任务,将大气压模块拖到输入区,数码显示管拖到输出区。分别双击大气压模块和数码显示管进行设置,大气压模块的功能选择为“获取数据”,数码显示管的功能选择为“显示数据”,如下页图所示。

模块连接图

任务设置图

大气压模块设置图

数码显示管设置图

步骤四：将大气压模块、数码显示管、主控模块按照传感器连接图中的位置连接起来。

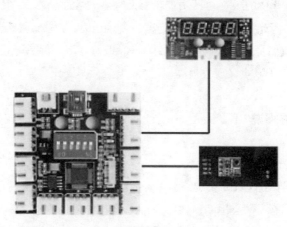

传感器连接图

步骤五：打开主控板电源，点击软件右下角的"写入主板"，实验完成！

3. 实验结果

能在数码显示管上看到现在大气压的数值，当大气压发生变化的时候，数值会跟着变化。

4. 造型搭建

传感器的搭建完成后，用魔幻板给大气压测量装置做一个好看的造型。

◎ 闪亮登场

师：我们来做一个比赛，每组同学先记录一下自己组的大气压测量仪的初始大气压数值，我们比比看哪一组能让自己的大气压值变化最大（变高变低都可以），如果变化同样大，则最短时间达到变化最大值的小组为胜者。注意不要让水直接接触传感器的任何部分。把自己小组的数据记录一下。

改变大气压记录时间表

大气压初始值	大气压最终值	达成时间	采取改变大气压的方法

◎ 学以致用

师：我们提到了大气压和海拔、温度、湿度的关系，猜想一下，大气压还有可能和哪些因素相关呢？

① 大气对物体的压力：1平方厘米上大约1千克的重力。一般人的身体表面积约2平方米，因此我们每时每刻承受着20吨的压力。为什么我们感受不到呢？

② 其实我们身边的大气压变化并不大，想象一下，如果大气压早上很高晚上很低，低到每天0点又变成最高，我们的生活会变成什么样？

课例5 和雾霾说"不"

◎ 有的放矢

① 知识目标：认识粉尘传感器，了解雾霾的定义及危害，了解雾霾产生的原因。

② 技能目标：学会用编程软件编写出粉尘浓度检测的实验；能够制作一个粉尘浓度检测仪的造型，并配合传感器使用；分析学校不同地点粉尘浓度不一

致的原因,并比较不同的结论。

③ 情感价值目标：能够通过具体事例了解雾霾的危害；能够熟悉校园,了解校园,热爱学校,关心学校；能够热爱大自然,增强环保意识。

◎ **创意空间**

师：每天生活在污染的空气中,我们也知道粉尘对人体的危害很大,想一想,我们在生活中能够怎样减少自身活动产生的粉尘呢? 可以先写一写,和同学们讨论一下。

◎ **博学明辨**

1. 学习雾霾相关知识

2. 认识粉尘模块

粉尘模块可以测量粉尘数量,如果接一个数码显示管来显示粉尘模块读到的数值,那么数码显示管显示的数值是没有单位的,它不代表粉尘的一个具体的数值或者标准的数值,仅仅只是表示粉尘量的大小,数值越大表示粉尘浓度越高,数值越小表示粉尘浓度越小。

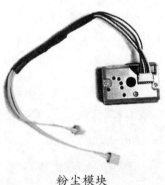

粉尘模块

粉尘模块和主控板的连接需要使用跳线,经过跳线后,有一根三芯导线可以接到主控板上的 1、2、3、4 号口,另一根二芯导线接到主控板上的 7 号口。

3. 认识蜂鸣器

蜂鸣器可以发出固定音调的声音,能用主控板控制其发声的时间长短,但是不能改变声音的大小或者音调。使用三芯导线将其和主控板连接,可以接到主控板上的 1、2、3、4、5、6 号口。

蜂鸣器

数码显示管

4. 复习数码显示管

◎ **动手时间**

师：结合刚刚所学的传感器，请设计一个可以提醒粉尘超标的装置吧，先动手画一画装置的设计图。画完了各自的设计图，下面我们要动手实现它，先根据步骤，学习一下传感器部分的搭建。

1. 实验器材准备

主控板一个、粉尘模块一个、数码显示管一个、蜂鸣器一个、三芯导线一根、四芯导线一根、电池盒一个、电池三节。

2. 实验步骤

步骤一：插入加密狗，双击打开"魔法软件"。

步骤二：从模块库中找出粉尘模块、数码显示管、蜂鸣器拖入连接图，按下锁定键，如图所示。

模块连接图

步骤三：新建任务，将粉尘模块拖到输入区，数码显示管拖到输出区。分别双击粉尘模块和数码显示管进行设置，粉尘模块的功能选择为"获取数据"，数码显示管的功能选择为"显示数据"，如图所示。

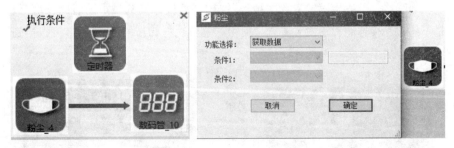

任务设置图　　　　　　　　　　粉尘模块设置图

数码显示管设置图

步骤四：新建任务，将粉尘模块拖到输入区，蜂鸣器拖到输出区。分别双击粉尘模块和蜂鸣器进行设置，粉尘模块的功能选择为"数据比较"，蜂鸣器的功能选择为"选择状态"，状态 1 为"开"，如图所示。

任务设置图　　　　　　　　　　粉尘模块设置图

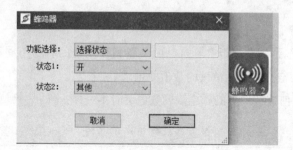

蜂鸣器设置图

步骤五：将粉尘模块、数码显示管、蜂鸣器、主控模块按照传感器连接图中的位置连接起来。

步骤六：打开主控板电源，点击软件右下角的"写入主板"，实验完成！

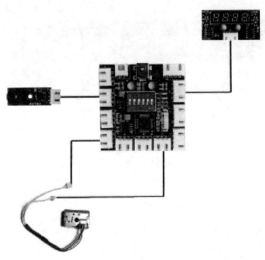

传感器连接图

3. 实验结果

① 能在数码显示管上看到现在粉尘的数值,当周围空气中的粉尘浓度发生变化的时候,数值会跟着变化。

② 当数码显示管上的数值大于 300 的时候,蜂鸣器会持续响。

4. 造型搭建

传感器的搭建完成后,用魔幻板给粉尘浓度检测仪做一个好看的造型。

◎ 闪亮登场

作品完成后,每个小组拿着自己的装置到校园里的各个不同地方,测量一下不同地方的空气中粉尘浓度的数值并记录。

思考:为何这些地点的粉尘浓度数值会有不一样?

粉尘浓度数值记录表格

地 点	粉 尘 浓 度

续　表

地　　点	粉　尘　浓　度
粉尘浓度数值不一样的原因： 	

◎　学以致用

师：粉尘模块的测量原理是模块中有一个红外发光二极管（IRED）和光电子晶体管，它们被对角布置在模块中，通过检测空气中粉尘的反射光计算粉尘的浓度。模块上的小孔相当于检测的"样品室"，里面的空气就是被检测的对象，内部的粉尘能反射红外光。所以粉尘模块不仅仅能够测量粉尘，还能测量一些其他东西（比较小，能放进模块上小孔的东西）。请大家想一想，我们再来设计一个实验，看看这个模块还能怎么用，并思考：

① 如何能直接测量出 PM2.5，不测量直径大于 2.5 微米的颗粒？

② 我们可以通过戴口罩的方式减少霾对我们健康的影响，那么雾呢？通过什么方式可以减少雾对我们身体的影响呢？

③ "物竞天择，适者生存"是达尔文进化论的中心思想，畅想一下，未来我们会怎样进化来免疫雾霾。

课例 6　植物之家

◎　有的放矢

① 知识目标：认识二氧化碳传感器；认识氧气传感器；知道二氧化碳浓度、氧气浓度对植物生长的影响；了解温室的作用、与生活的关系。

② 技能目标：学会用编程软件编写出智能温室的实验；能够制作一个智能温室的造型，并配合传感器使用；学会对照实验法并应用。

③ 情感价值目标：能够了解植物的生存方式；能够熟悉校园，了解校园，热爱学校，关心学校；能够热爱大自然，增强环保意识。

◎ 创意空间

师：水分、土壤和光照可能是我们通常能够关注到的对植物生长影响的因素，但其实氧气和二氧化碳也会对植物生长造成一定的影响，请设计一个实验，用最简单、最常用的材料与方式，来验证二氧化碳和氧气对植物生长的影响。可以先验证二氧化碳，再验证氧气（此实验只需要设计实验思路，不需要在课堂实现）。

◎ 博学明辨

1. 学习基础知识二氧化碳对地球的影响

2. 认识二氧化碳模块

二氧化碳模块可以让人方便地读取当前位置的二氧化碳数值（表示二氧化碳含量占空气总量的千分之几），精确到小数点后三位。使用四芯导线将其和主控板连接，并且只能接主控板的 10 号口。

二氧化碳模块

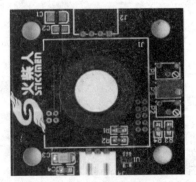

氧气模块

3. 认识氧气模块

氧气模块可以让人方便地读取当前位置的氧气数值（表示氧气含量占空气总量的百分之几），精确到个位。使用三芯导线将其和主控板连接，可以连接在主控板的 1、2、3、4 号口。

4. 复习数码显示管

5. 复习蜂鸣器

6. 了解对照实验法

为了确定某个条件对实验结果的影响，就把这个条件作为变量，在保证其他条件都一致的情况下，改变这个变量（可以加、减、取消），设置不同组的实验来进行对照。通常把经过控制处理的一组称为实验组，而未经过处理的一组称为对照组。例如我们要研究温度对豆芽发芽的影响，就可以设置其他条件都一致，只有温度不一样（如都在恒温箱里生长，只是温度设置为 10℃、15℃、20℃、25℃等）。

◎ **动手时间**

师：我们从书本上或者老师口中知道光合作用需要消耗二氧化碳，释放氧气。结合对照实验法，我们来设计两个实验，验证下是否真的是这样。

实验一：验证光合作用需要消耗二氧化碳

1. 实验器材准备

主控板一个、二氧化碳模块一个、数码显示管一个、四芯导线一根、电池盒一个、电池三节。

2. 实验步骤

步骤一：插入加密狗，双击打开"魔法软件"。

步骤二：从模块库中找出二氧化碳模块、数码显示管拖入连接图，按下锁定键，如图所示。

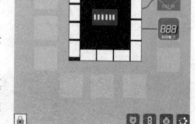

模块连接图

步骤三：新建任务，将二氧化碳模块拖到输入区，数码显示管拖到输出区。分别双击二氧化碳模块和数码显示管进行设置，二氧化碳模块的功能选择为"获取数据"，数码显示管的功能选择为"显示数据"，如图所示。

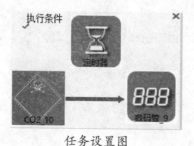

任务设置图

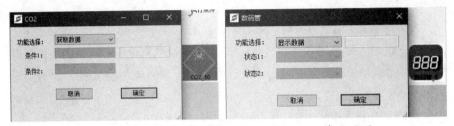

二氧化碳模块设置图   数码显示管设置图

步骤四：将二氧化碳模块、数码显示管、主控模块按照传感器连接图中的位置连接起来。

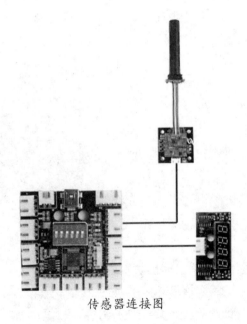

传感器连接图

步骤五：打开主控板电源，点击软件右下角的"写入主板"，实验完成！

3. 实验结果

能在数码显示管上看到现在二氧化碳的数值，当二氧化碳浓度发生变化的时候，数值会跟着变化。

4. 造型搭建

传感器的搭建完成后，用魔幻板给二氧化碳测量装置做一个好看的造型。

实验二：验证光合作用会产生氧气

1. 实验器材准备

主控板一个、氧气模块一个、数码显示管一个、三芯导线一根、电池盒一个、电池三节。

2. 实验步骤

步骤一：插入加密狗，双击打开"魔法软件"。

步骤二：从模块库中找出氧气模块、数码显示管拖入连接图，按下锁定键。

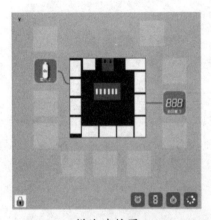

模块连接图

步骤三：新建任务，将氧气模块拖到输入区，数码显示管拖到输出区。分别双击氧气模块和数码显示管进行设置，氧气模块的功能选择为"获取数据"，数码显示管的功能选择为"显示数据"，如图所示。

任务设置图

 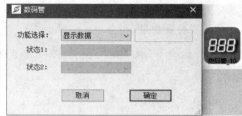

氧气模块设置图   数码显示管设置图

步骤四：将氧气模块、数码显示管、主控模块按照传感器连接图中的位置连接起来。

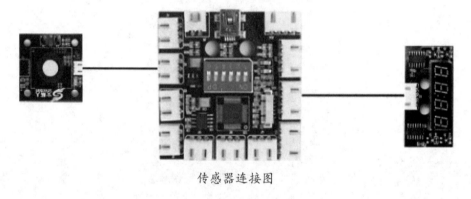

传感器连接图

步骤五：打开主控板电源，点击软件右下角的"写入主板"，实验完成！

3. 实验结果

能在数码显示管上看到现在氧气的数值，当氧气浓度发生变化的时候，数值会跟着变化。

4. 造型搭建

传感器的搭建完成后，用魔幻板给氧气测量装置做一个好看的造型。

◎ 闪亮登场

请每组学生上台给大家介绍自己组的实验设计及实验结果，如果实验成功（有实验数据结果证明植物生长的确能消耗二氧化碳并释放氧气），说明下自己的依据；如果实验没有成功（实验数据结果无法证明植物生长能消耗二氧化碳并释放氧气），则分析一下不成功的原因。

◎ **学以致用**

师：人类的呼吸作用是消耗氧气释放二氧化碳的过程，经过了小组展示，请选取刚刚比较好的设计方案，来做一个验证人体呼吸作用的实验。

① 想象一下，如果植物的光合作用反过来，需要消耗氧气，释放二氧化碳，那地球会变成什么样呢？

② 实验套件中还有一个可以用来报警的蜂鸣器，加上蜂鸣器，可以制作出什么小发明呢？

（本章执笔：孙凌凌）

第二章
资源挖掘：STEAM 课程的设计

　　环境问题是当今世界各国面临的重大问题。全球性的资源和环境危机，直接威胁着人类的生存和发展。保护环境，实现环境的"可持续性发展"是人类的历史使命。中学生有责任、有义务承担起保护环境的任务。"绿色环保"课程以学生自主学习和自主活动为主，让学生亲身经历环保活动，参与环保实践操作，获得环保直接体验和感悟，发展实际环保能力，从而促进新知识、新思想、新感情的产生。

人生活在自然环境中。自然环境是人类生存的基本条件，是发展生产、繁荣经济的物质源泉。如果没有地球这个广阔的自然环境，人类是不可能生存和繁衍的，所以，维护生态平衡、保护环境是关系到人类生存、社会发展的根本性问题。"绿色环保"课程以"学生发展为本"作为核心理念，积极推进 STEAM 创新教育，利用嘉定工业园区的环境资源，通过课堂教学与社会实践等方式，将绿色环保观念融入课程，帮助学生树立环保意识，培养创新精神，使环境保护活动落实在日常的实际生活之中。"绿色环保"课程在自主拓展课程内实施，面向对绿色环保科目感兴趣的六、七年级学生。

课程纲要　绿色同行，环保相伴

随着经济的迅猛发展，环境污染问题日益严重，保护环境、维持生态平衡也成为了我们每一个人应尽的责任和义务。因此，加强中学生的环保教育也是学校教育应该承担的责任。我校作为嘉定区科技特色学校，以校企整合搭建"绿色创新学习"平台，推进学校"STEAM＋"创新教育，与上海伟翔环保有限公司积极引入环保教育课程"绿色环保"，积极推进 STEAM 创新教育，开展科技创新课程开发的研究与实验工作。

一、课程背景

环境保护教育是推动环保工作的原动力，是初中课程的重要组成部分，它能帮助学生了解环境问题和环境保护的意义，懂得每个人都可以为保护环境出一份力，从而改善并提升人们的生活质量，推进社会的可持续发展。环保教育不只是在教室、书本里，更应融入日常生活的各种环境中，引领更多人提供更多的保护环境的学习机会。

"绿色环保"课程的理念是：美好心灵，绿色行动。"美好心灵"，即在本课程的引领下，学生通过"学中做，做中学"，亲身经历环保活动过程，参与环保实践操作,获得环保的直接体验和感悟,从而促进环境保护意识和能力的提升,净化生态心灵。"绿色行动",即通过学生的实际环保行动,努力实现生态环境的良性循环,使人与自然和谐相处。

二、课程目标

① 认识环保。培养环保意识,积极参与环境保护,从现实环境问题中获取实际经验,初步应对当今环境保护面临的多种挑战。

② 参与环保。进行跨学科的多元思考并逐步掌握环境保护的基本技能,服务于社会。

③ 创意环保。在走进企业的基础上,初步了解生态环境保护的意义,创意设计废物利用,参与环境保护活动。

三、课程内容

本课程充分利用嘉定工业园区的环境资源,确定"环境保护"为课程主题,将绿色环保观念融入课程,通过"认识环保""宣传环保""参与环保""创意环保""生态环保"五个专题的环保活动,树立环保意识,促进南苑中学学生、教师和学校的可持续发展。本课程用科学文化与人文精神统一的价值取向引领学生,使环境保护活动落实在日常的实际生活之中。

模块 1：认识环保

本模块的主要目标是：了解环保并认识环境保护的重要意义。主要内容是：通过图书馆、网络等多种途径查阅和收集环境问题、环境保护的资料,并进行环保资料整理与交流,以小组合作的方式制作环保电子小报,互相展评；另外,参观伟翔环保公司,撰写参观感受,自选主题,完成演讲稿,参与演讲比赛。

模块 2：宣传环保

本模块的主要目标是：走向社会,初步学会如何宣传环境保护。主要内容是：进行新闻媒体调研、环保部门调研、社区环保工作调研,了解社会环保；汇总调研结果,走进小区进行宣传,走访居委会,设计环保宣传栏,实地布置宣传栏;设计并制作环保贺卡,达到宣传目的。

模块3:参与环保

本模块的主要目标是:利用学科知识积极参与环境保护活动。主要内容是:成为一名环保志愿者、环保实践者,小组合作制定环保志愿者任务,制定并参与环保实践活动,选择特定地点分发自己制作的环保贺卡;另一方面,梳理学科环保知识,参与环保知识竞赛。

模块4:创意环保

本模块的主要目标是:发现创意环保,学会废物利用,参与环境保护活动。具体内容是:设计创意环保标语,利用废物进行环保作品的创作,收集创意环保作品,进行作品展览。

模块5:生态环保

本模块主要目标是:走进企业初步了解生态环境保护的意义,了解工业园区生态环保状况,针对校园生态进行环保设计。具体内容是:认识生态环保,了解生态环保纪念日,学会问卷调查的准备,能够设计出本校的校园生态环保方案。

01 认识环保
02 宣传环保
03 参与环保
04 创意环保
05 生态环保

绿色环保

课程结构图

四、课程实施

"绿色环保"课程五个模块,分五个阶段,即五个学期实施,从六年级上学期到八年级上学期,每学期9个课时,总共45个课时。

本课程的实施由学校教导处领导,年级组组织,以班级为单位展开。学习方式有三种。小组分享学习:学生以小组为单位,在小组互动中产生各项活动的结果,共同分享获取学习成果的喜悦。资料收集学习:鼓励学生利用业余时间到当地图书馆、文化馆和相关的单位了解环境保护的相关信息,为参与课程活动奠定良好的基础。实践学习:鼓励学生在各项环保实践活动的基础上合作写出有独到见解的环境保护报告。

本课程以《绿色环保》为教材,通过情景问题、活动设计、思考交流、展示学习等一系列手段和方法来让学生在动手制作和课外实践的过程中获取环保知识,进行跨学科的多元思考并逐步掌握环境保护的基本技能,服务于社会。具体实施方法如下:

(一) 情景问题

设定一个真实的生活或学习情景,然后由这个情景生成一个问题,让学生在具体的情景中发现问题、解决问题,提高学生的解决问题能力。

(二) 活动设计

围绕上述问题呈现相关的信息和活动设计。信息呈现的形式有文本(如"知识窗""活动提示""文本赏读""名人名言""材料链接""信息传递")、图片、表格等。相关信息简洁明了,必要时可采取链接的方式。

(三) 思考交流

围绕主题设置三个左右的问题,设置拓展性的问题,让学生动脑动手完成。

(四) 展示学习

根据课程内容,每项模块活动结束后,教师会安排 1 个课时让学生进行成果展示、实践表达。

五、课程评价

课程评价是校本课程发展和学校发展的重要一环,评价的目的在于改善课程开发教学中出现的各种问题,从而自我批评、自我激励、自我改进。

"绿色环保"课程在每次综合活动结束后进行一次评价。本课程以学生学习过程评价为主,以成果评价为辅;形成教师、学生、家长、社区等多主体共同参与、交互作用的联合体;学生实施形成性评价;评价教学目标是否落实到位。

(一) 展示性评价

学生完成每个主题作品之后,由小组组员在班级里进行小组作品展示,教师在这个过程中下发评价表,通过学生自评、互评和老师评价来体现。具体见评价表。

"绿色环保"课程展示性评价表

活动主题：   年 月 日

评价项目	具 体 内 容	评 价 等 级			
		自评 （20分）	组内互评 （30分）	教师评价 （50分）	合 计
实践表达	1. 积极动脑，善于用文字、语言、图画等进行表达				
	2. 手脑并用，用作品形象地进行表达				
成果展示	1. 作品：符合环保理念，有新意并做工精致				
	2. 美化：装饰点缀，合理巧妙，色彩明快				
	3. 利用率：制作材料利用率高，作品使用率高				

　　同时，我们会从作品设计理念、制作材料、装饰等方面对作品进行评价。我们将学生自评、学生互评、教师评价三种评价方式相结合，给出"优秀、一般、合格、需改进"四个评价。

（二）评选性评价

　　课程结束时，对于参与课程的学生，任课教师会根据不同的评价点，鼓励性地选出一些小组进行表彰，有"最佳创意奖""最佳合作奖""最佳进步奖"。

（三）积分性评价

　　每次活动中，针对学生的具体表现给出相应的积分，在学期末评选出第一、二、三名，给出相应的奖励。

课程图谱 绿色图谱，绿色课程

"绿色环保"作为"STEM＋"创新课程具备了哪些课程元素呢？在完成"参与环保"这一活动过程中，学生会发现单一的学科知识已经满足不了需求了，科学（Science）和数学（Mathematics）是较为抽象的思辨性学科，技术（Technology）、工程（Engineering）和艺术（Arts）则是贴近现实生活的应用性学科，很多活动需要化学、地理、物理、信息、科学等领域的知识作为辅助，只有多学科融会贯通才能解决问题。将这几门学科知识融会贯通，有利于激发学生的兴趣，增强他们对知识的理解，有利于完善学生的知识结构和思维方式，培养他们的创新思维和创造能力，促进学生全面而有个性地发展，为满足经济社会和科技发展对多样化人才的需求奠定基础。

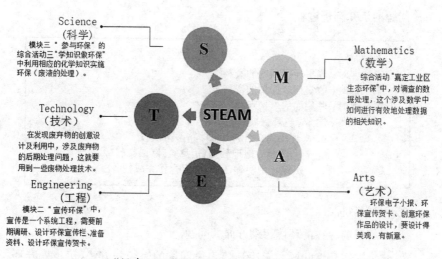

"绿色环保"课程 STEAM 元素结构图

S：科学，运用化学、物理学、环境学等科学知识。

T：技术，涉及废物、废水等废料的处理技术。

E：工程，完成前期调研、设计宣传栏与贺卡等一系列宣传系统工程。

A：艺术，创意环保作品需要将美观性与实用性相结合。

M：数学，需要有效处理数据的相关知识和技能。

学习手册　走进环保，践行环保

课例 1　认识环保

综合活动一　了解环保

一、教学内容分析

本活动的目标是：了解环保并认识环境保护的重要意义。具体内容是：通过图书馆、网络等多种途径查阅和收集环境问题、环境保护的资料，以及如何进行环境保护的资料。这些活动都属于认知活动，是一个从发现问题到寻找方法解决问题的认知渐进过程。

> 教学时间：3 个课时
> 第一课时：收集环境问题的资料
> 第二课时：收集环境保护的资料
> 第三课时：收集如何保护环境的资料
> 教学准备：①《绿色环保》教材
> 　　　　　② 环保书籍：《100 个即将消失的地方》
> 　　　　　③ 学科支持：地理教师、信息教师、语文教师、科学教师
> 教学组织形式：班级集中明确任务，小组合作完成任务

二、教学目标

① 了解目前存在的环境污染方面的问题。

② 掌握查阅环境问题和解决环境污染问题的途径和方法，初步提升环境保护意识。

三、教学重点和难点

重点：收集环境问题及环境保护问题的资料。

难点：收集环境问题及环境保护问题资料的方法。

四、教学过程

第一课时　收集环境问题的资料

① 情景引入："极地是最好的环保教材（见教材），看了这则材料，你有何思考？"以4人为小组讨论，对不同的意见可以保留，不求统一。

② "我们到哪里去找环境保护方面的资料呢？"学生提供自己寻找资料的途径，展示搜索到的资料并说明资料的来源。

提示：图书馆、网络、书店等。

③ "有关环保方面的资料铺天盖地，用什么方式收集我们需要的资料呢？"学生向小组同学介绍自己收集资料的方式并展示相关方式。

提示：方法有设计表格填写、用笔记本分类别记录、用卡片摘抄、剪报归类等。查阅资料回答"什么是环境问题"。对学习有困难的学生，教师可以告知学生什么是环境问题。

④ "环境问题有哪些？"要求学生在百度搜索。

提示：不同的搜索词可能有不同的结果。

范例：温室效应；酸雨。

第二课时　收集环境保护的资料

① "什么是'环境保护'？"学生搜索、展示相关资料，并告知资料来源。

范例：环境保护是指人类为解决现实的或潜在的环境问题，协调人类与环境的关系，保障经济社会的持续发展而采取的各种行动的总称。其方法和手段有工程技术的、行政管理的，也有法律的、经济的、宣传教育的等。

② 环境保护的内容有哪些？搜索环境保护的资料并以4人小组为单位交流。

范例：防止自然环境的恶化，包括对青山、绿水、蓝天、大海的保护。这里就涉及了不能私采（矿）滥伐（树）、不能乱排（污水）乱放（污气）、不能过度放牧、不能过度开荒、不能过度开发自然资源、不能破坏自然界的生态平衡等。这个层面属于宏观的，主要依靠各级政府行使自己的职能、进行调控，才能解决。

③ "对人类居住、生活环境的保护有哪些环保措施？"学生展示搜索到的资料并告知资料来源。

④ "你感兴趣的'环境保护'内容是什么?"学生收集、展示相关资料,并告知资料来源。

⑤ "你对哪位同学搜集的环境保护资料最感兴趣? 说说理由。"

第三课时 收集如何保护环境的资料

1. 查阅和收集如何进行环境保护的资料

① 查阅资料解释环境保护的意义。

② 学生展示自己查阅的相关资料,以 4 人小组为单位互评,评价标准是:是否涉及人类的生存和健康,是否涉及生态平衡,是否涉及工农业生产,是否涉及空气的改善等。

2. 查阅相关资料,了解环境保护的行为

① 学生根据自己的生活经验查阅相关资料,以 4 人小组为单位交流。

范例:

节水为荣——随时关上水龙头,别让水白流,节约用水。

关心大气指数——别忘了你时刻都在呼吸。

随手关灯——省一度电,少一份污染。

减用空调——降低能源消耗。

② "你在日常生活中有什么行为不利于环境保护?"

③ 全班选择一项"环境保护的行为",举行签名承诺活动。

④ "你知道哪些'环境保护'方面的名言警句?"收集环境保护方面的名言警句;同时学生自己也写一句环境保护的话,看看谁写得好,把它写在班级的黑板报上。

范例:"谁知盘中餐,粒粒皆辛苦。""保护环境,人人有责。""人人为环保,环保为人人。""珍惜资源,永续利用。"

3. "你看过环境保护方面的书吗?"

① 请学生推荐一本有关环境保护方面的书籍,并用一句话点评。

范例:

书名:《100 个即将消失的地方》

策划:(丹麦)Co + Life 译者:李芳龄

出版社:广西师范大学出版社,2010 年 10 月第 1 版

一句话点评:这是一本不折不扣的环保教材,但明知道向你灌输的都还是那些换汤不换药的环保理念,也舍不得放下。

---

② "通过以上活动，你对环境保护是否有了新的认识？"以4人小组为单位，让学生就新认识的内容与同学进行交流。

4. 知识链接——6月5日"世界环境日"

5. 活动总结

① "综合活动一结束了，与参加活动前对比，你在搜集环境保护资料方面有些什么收获？能否将这些收获迁移到其他学习活动中去呢？如果能的话，请举一例。"

② 学生写一篇活动报告，要求有观点、有论据、有结论。可以作为语文的作文作业，交给语文老师点评。

综合活动二　环保知识整理交流

一、教学内容分析

本活动的目标是：整理环保资料以及制作环保电子小报。具体内容是：整理和交流通过图书馆、网络等多种途径查阅和收集到的环境问题、环境保护的资料，以及制作环保电子小报。

> 教学时间：3个课时
> 第一课时：整理环保资料
> 第二课时：交流环保资料
> 第三课时：制作环保电子小报
> 教学准备：①《绿色环保》教材
> 　　　　　② 环保书籍：《100个即将消失的地方》
> 　　　　　③ 学科支持：信息教师、美术教师
> 教学组织形式：班级集中明确任务，小组合作完成任务

二、教学目标

① 了解目前存在的环境污染方面的问题。

② 掌握查阅环境问题和解决环境污染问题的途径和方法，初步提升环境保护意识。

三、教学重点和难点

重点：整理环保资料。

难点：整理环保资料的方法。

四、教学过程

第一课时　整理环保资料

① 如何整理环保资料?

可用卡片分类的方法。学生将环境问题的具体表现、造成的危害、形成的原因,以及解决问题的对策,都写在卡片上。不同的环境问题写在不同的卡片上。

② 在整理环保资料中,如何进行分工合作?

学生在教师指导下,先小组讨论,确定一个人"动脑"(策划人),一个人"动手"(执行人),再确定若个人"跑腿"(联络人、收集人、保管人)。小组分工好后,小组讨论准备提交班级进行交流的环境问题。

环保知识卡片

```
环境问题:_____
具体表现:_____
         _____

造成危害:_____
         _____

形成原因:_____
         _____

解决对策:_____
```

第二课时　交流环保资料

① 分享更好的交流整理资料的方法。

② 学生就本小组最感兴趣的一个环境问题分工合作完成 PPT。确定一至多人负责文案、版面设计(策划人),一人负责按方案制作(制作人),一人负责 PPT 的交流(讲解人)。以小组为单位互评,评价标准是:分享内容是否图文并茂,形象直观。

③ 阅读完文字图片资料(见教材),在图片下横线处填上所对应的环境问题。

④ 对于其他小组交流的环保资料,提出疑问。

第三课时　制作环保电子小报

① 讨论制作一副精美的环保电子小报的方法。

② 学生以小组形式讨论落实好本小组制作的相关负责人,分工合作完成

电子小报。

③ 各小组的电子小报在课上进行展示评比。

④ 由学习委员组织同学投票，分类别选出优秀的电子小报。评价标准是：内容、排版、插图等是否符合主题、合理、美观、有趣。

综合活动三　参观伟翔环保公司

一、教学内容分析

本活动的目标是：了解伟翔环保公司并知道关于环保我们可以具体如何做。具体内容是：通过实地考察伟翔环保公司，亲身体验以及进行关于环保的演讲。

> 教学时间：3 个课时
> 第一课时：活动准备
> 第二课时：参观"伟翔"
> 第三课时：演讲比赛
> 教学准备：①《绿色环保》教材
> 　　　　　② 学科支持：信息教师、语文教师
> 教学组织形式：班级集中明确任务，小组合作完成任务

二、教学目标

① 了解伟翔环保公司。

② 知道如何做好参观过程的记录。

三、教学重点和难点

重点：了解伟翔环保公司以及做好参观过程的记录。

难点：做好参观过程的记录。

四、教学过程

第一课时　活动准备

1. 了解伟翔

① 思考：怎么了解伟翔环保公司？

② 学生通过相关网站(http://www.tes-amm.cn/)了解"伟翔"的基本情况，比如：业务范围、技术工艺、"伟翔"特色等。

③ 若有家人或亲戚在"伟翔"工作，学生请家人或亲戚介绍他们所知道的"伟翔"，并做好记录。

2. 参观前告知注意事项

注意事项

> 1. 班长与负责参观事宜的老师联系,确认参观的时间。
> 2. 将班级成员分成若干组,选出一名组长。
> 3. 班长把时间告知组长,组长告知组员。
> 4. 出发时,由一名老师带队,学生带好笔和笔记本。
> 5. 参观工厂内部时,禁止携带手机和其他电子产品,禁止拍照。

第二课时　参观"伟翔"

学生带好笔记本和笔进行参观,并完成参观过程的记录。

参观记录表格

参观对象	伟翔环保科技发展(上海)有限公司		
参观地点	上海市嘉定工业区回城南路 2358 号		
参观时间	年　　月　　日　　星期		
参观前预设的问题	1		
	2		
	3		
预设问题的解答	1		
	2		
	3		
参观过程中搜集的信息			
现场生成的问题	1		
	2		
生成问题的解答	1		
	2		
小组交流,并提出其他感兴趣的问题			
问题的解答			
参观后的感受			

第三课时 演讲比赛

1. 如何进行演讲

① 学生根据参观"伟翔"的活动记录与笔记的整理，围绕参观的感受，完成一篇演讲稿，题目自拟，字数在 500 字左右。

② 将班级成员分成若干组进行组内交流，并对演讲稿进行修改。组内比赛，选出一名代表参加班级比赛。

2. 如何对演讲进行评价

① 学生和老师根据演讲内容、演讲能力和综合印象评选出"演讲达人"的冠军、亚军、季军。

演讲内容：紧扣主题、充实生动，语言流畅自然，有感召力，时间不超过 5 分钟。

演讲能力：普通话流利，发音标准，语调准确，表达流畅，脱稿演讲；节奏优美，富有感情，肢体语言使用恰当。

综合印象：上下场致意、答谢，服装得体，自然大方，气质佳，观众反映良好。

② 演讲比赛评分细则：

语音语调：吐字发音和语调的准确性 1 分；语言表达的流利程度 1 分；普通话准确程度 1 分；是否脱稿演讲 1 分。

内容表述：内容表达的条理性、清楚程度，遣词造句的准确性，中心明确 1 分；内容真实 1 分；生动感人 1 分。

仪表体态：眼神手势 1 分；体形姿态 1 分；音质音量及舞台表现力等 1 分。

注：评分可精确到小数点后 1 位，满分 10 分，所有评委评分累加即为该选手的最终得分。

演讲比赛打分表

编　号	姓　名	语音语调	内容表述	仪表体态	总　分

③ 不参赛的学生,在演讲结束后用一句话进行点评。在不参赛的学生中,评选出一名"最佳点评员"。

课例 2　宣传环保

综合活动一　了解社会环保

一、教学内容分析

本活动的目标是:宣传环保并认识宣传环境保护的重要意义。具体内容是:通过网络调研、新闻媒体调研、实地调查等多种方式了解环保,了解如何进行环境保护的宣传工作。

> 教学时间:3 个课时
> 第一课时:新闻媒体调研
> 第二课时:环保部门调研
> 第三课时:社区环保宣传栏调研
> 教学准备:① 《绿色环保》教材
> 　　　　　② 学科支持:地理教师、信息教师、语文教师、科学教师
> 教学组织形式:班级集中明确任务,小组合作完成任务

二、教学目标

① 了解目前人们对于环保的认识。

② 掌握宣传环境保护的途径和方法,初步提升环境保护意识。

三、教学重点和难点

重、难点:掌握宣传环境保护的途径和方法。

四、教学过程

第一课时　新闻媒体调研

1. 新闻媒体调研

据中国法院网的报道,2020 年 10 月浙江丽水宣判一起饮用水源地毒鱼案。

2. 分析问题

① "我们身边这样不懂法、不懂环境保护的人还少吗? 对此,我们该怎么办?"以 4 人为小组讨论,对不同的意见可以保留,不求统一。

② 讨论有哪些媒体在宣传环保,有多少人懂得多少环保知识,学校、社区、企

业有多少宣传环保的设施（比如宣传栏），其中的内容是什么，用什么形式呈现等。

提示：到社区、商场或街头调查，需要在教师或班干部的安排下组成几个小组，每个小组至少 3 人，男女生搭配。每组受调对象至少 10 名，男女各占一定比例。请根据需要并在教师指导下设计调查问卷。调查问卷需要写明该问卷的用途（比如用于完成学校宣传环保的作业，并非用于商业用途），在展开调查时也要强调这一点，以免引起人们的误解而不配合。

调查问卷要预先设计好问题，最好是简单的问答题，受调人答，问卷人记录；或者是选择题，方便受调人回答。

写调研报告时要涉及调研的问题，所以，设计调研问题时要仔细考虑，要根据调研报告的定位来设计所有的问题。

③ 根据调研时收集的资料完成调研报告。报告要回答以下问题：

◇ 最近 2—4 个星期内《解放日报》或《嘉定报》上环保报道、文章、图片的内容、篇数、篇幅以及所占的比例。

◇ 环保报道、文章、图片刊登后人们阅读的比例及感兴趣的程度（比如，只看标题、稍微看看内容、仔细阅读等）。

◇ 你们自己对这些报道、文章、图片感兴趣的程度。

◇ 哪类文本（报道和文章）、哪类图片（摄影、漫画）吸引读者最多，原因是什么？你认为这些文本和图片需要改进的话，怎样改进比较恰当？

④ 全班同学集中进行班级交流，每组安排一位同学做好记录。

第二课时　环保部门调研

① 学生通过相关网站了解嘉定区环境保护局网站的板块设置、文章和图片的内容。思考："你最感兴趣的文章和图片是哪些？原因是什么？查看日期最近的文章和图片是什么时候的，更新频率是多少天？"

② 为采访嘉定区环保局做准备。

学习委员准备好采访提纲，然后班长召开小组长会议，讨论采访提纲。大家提出修改意见后，学习委员定稿。

采访提纲（以采访嘉定区环保局宣传科为例）

采访对象	嘉定区环保局宣传科
采访地点	嘉定区马陆镇嘉戬公路 118 号　电话：(021)69989233

续　表

采访时间	2012 年 7 月 8 日 15:30	
采访前预设的问题	1	
	2	
	3	
现场补充的问题	1	
	2	
采访后的感受		

③ 学生完成环保单位主要任务表。

环保单位主要任务表

环保单位	环境保护局	环境监测站	环境卫生管理所	……
主要任务	1. 污染源日常监督管理。 2. 本区医疗卫生机构产生的医疗废物监督管理。	1. "水和废水"监测。 2. "噪声"监测。 ……	……	……

④ 调查市民对嘉定区环保部门工作的知晓度和满意度。

班长组织同学分组，每组至少 3 人，到社区、企业、商场等地调研市民对嘉定区环保部门工作的知晓度和满意度。

提示：市民对环保部门工作的知晓度和满意度包括：嘉定区有哪些环保部门？这些环保部门是做什么的？平日与这些环保部门有过接触吗？环保部门的工作是否对市民的环保行为有积极的影响，具体有什么样的影响？市民对环保部门有哪些不满意的地方？这些不满意的地方该怎样改进？市民对环保部门有什么具体的建议？

⑤ 将调研到的市民对环保部门的知晓度和满意度写成调研报告。写调研报告时注意：怎样措辞，怎样安排内容才能引起环保部门的关注。

⑥ 各小组的同学分别将调研报告送到不同的环保部门，向他们反馈市民对环保部门的知晓度和工作的满意度。

第三课时　社区环保宣传栏调研

1. 社区环保宣传栏调研

① 社区里宣传栏的使用情况调查。

联系 2—4 位同学所在的居住小区，实地考察这些小区宣传栏的使用情况，了解宣传栏中有哪些文章和内容，其中与环保相关的文章有多少，表达形式（文字、漫画、图片）是怎样的。

② 社区里宣传栏的宣传效果调查。

学生向宣传栏的负责人了解宣传栏的更新情况以及读者关注、阅览情况。在宣传栏附近进行定点考察，统计驻足宣传栏前阅读的人数。观察路人是否会留意宣传栏中的内容。设计调查问卷，向小区居民了解他们对小区宣传栏的意见和建议。

2. 调研报告内容

① 学生之间小组讨论交流。

比如：居住小区宣传栏的使用情况（是否使用、内容是否更新等），宣传栏中环保内容占宣传栏全部内容比例的情况，形式是否活泼，居民对宣传栏的关注程度、对宣传栏的观察和建议（如何运作、如何布置可以更好、如何更多地发布宣传环保的信息等），提出自己对加强宣传环保的具体措施（如是否增加宣传栏）等。与其他小组进行交流，并将调研报告送交小区所在的居委会。

② "想一想，除了报纸、宣传栏，还有哪些宣传环保的方式和行为？"

③ 学生上网查阅近两年"绿色中国年度人物"的获奖人物，整理他们的资料并展示。

④ "想一想，有没有宣传环保的歌曲。"学生分享歌曲，并说明分享的理由。

综合活动二　进小区布置环保宣传栏

一、教学内容分析

本活动的目标是：如何在小区布置环保宣传栏，如何与人更好地沟通。具体内容是:通过走访居委会商量布置宣传栏,设计环保宣传栏,实地布置宣传栏。

> 教学时间:3 个课时
> 第一课时:走访居民委员会
> 第二课时:设计环保宣传栏
> 第三课时:实地布置宣传栏
> 教学准备:①《绿色环保》教材
> 　　　　　② 学科支持:美术老师、语文老师、劳技老师
> 教学组织形式:班级集中明确任务,小组合作完成任务

二、教学目标

① 了解布置环保宣传栏的前期准备工作。

② 掌握环保宣传栏布置的方法。

三、教学重点和难点

重、难点:环保宣传栏布置内容。

四、教学过程

第一课时　走访居民委员会

① 准备工作:由班长组队,挑选 3—4 位同学组成联络小组,负责与居委会协调沟通,选定好社区,和社区负责人确认好时间。

② 组长带队走访居委会,并填好访谈记录表。

访谈记录表

访谈对象	
访谈地点	
访谈时间	
访谈目的	
访谈记录	
访谈结论和思考	

③ 实地考察宣传栏，并确认宣传栏的具体方位。

④ 与小区居委会就小区居民可能感兴趣的环保知识和本次知识宣传所要达到的目的进行沟通和确认。

第二课时　设计环保宣传栏

1. 设计环保宣传栏

① 就如何设计一个环保宣传栏，学生自抒己见。

② 就如何更好地合作完成环保宣传栏的设计，学生集体讨论。

每个小组成员先说明自己的特长，组长根据每个成员的特长进行分工，分工的过程可能需要协调，组长最后明确每个成员的具体任务。

小组成员任务表

编号	组　长	组　员	任务（填标题）
1			
2			
3			
4			
5			
6			

③ 各小组具体分工安排。

小组工作安排表

版面位置、类型	用黑板报的形式（　　）采用张贴式（　　）
宣传的栏目主题	
选用的内容	
文本输入、图片设计	
完成时间	

建议：确认栏目后，分头收集和主题有关的资料，对主题进行充分的了解

和内容的挖掘;围绕主题设计栏目,精心选择栏目下的内容,在此基础上,集体根据版面容量进行合理安排和取舍;设计一份可行的样稿。

2. 样稿互评

① 同一版面由 3 个小组同时认领,在完成之后,采取自评和互评的形式交流。

小组评价单

		1组	2组	3组	4组	5组	6组
1	版面设计美观,有创意						
2	为主题设置了 4 个以上栏目						
3	文字和图片都紧密围绕主题						
4	你认为的优胜组(打勾)						
5	至少就 2 个栏目的内容和图片谈自己的看法						
6	其他建议						

② 各组轮流介绍自己的设计方案,全班交流,针对不同形式的版面,各确定一份蓝本(板报式和张贴式),并对蓝本的方案再次提出修改意见,进一步细化和完善。

蓝本修改表

不足之处	解决方案	是否参考其他组的方案

③ 最后确定的版本,落实样张展示(在学校公示栏),由班长负责,请全校同学点评,再次完善。

问题和建议表

你发现的问题：
你有什么好的建议：

④ 请居委会点评,定稿。

第三课时　实地布置宣传栏

提示：从学校到附近的居委会,要事先查好路线、交通状况等信息,考虑步行或乘公交车前往,集体出行为宜,不要个人单独行动。

活动1：确定好活动时间,居委会需要准备的材料。时间控制在2小时内,完成后交换检查、验收。全程拍照,将拍摄好的照片存在一个文件夹里以备后查。

范例：拍摄布置好了的宣传栏照片,要有全景照、版面照、局部特写照,比较全面地反映宣传栏的风貌。

活动2：双休日到布置宣传栏的小区观察居民观看宣传栏的情景,同时对居民进行访谈并做好记录。

综合活动三　设计环保宣传贺卡

一、教学内容分析

本活动的目标是：通过设计环保贺卡让人们了解环境保护的重要意义。具体内容是：通过前期的调查了解人们对什么形式的贺卡比较感兴趣,设计并制作环保贺卡。

> 教学时间：3个课时
> 第一课时：准备工作
> 第二课时：设计环保宣传贺卡
> 第三课时：制作环保宣传贺卡
> 教学准备：①《绿色环保》教材
> 　　　　　②学科支持：语文教师、美术教师
> 教学组织形式：班级集中明确任务,小组合作完成任务

二、教学目标

① 了解如何设计环保宣传贺卡。

② 掌握制作精美的环保宣传贺卡的方法。

三、教学重点和难点

重、难点：环保宣传贺卡的设计和制作。

四、教学过程

第一课时　准备工作

① "灵巧的双手如何才能做出精美的贺卡呢？"

全班分成4个活动小组，每个小组设立一个小组长，负责归纳整理小组讨论的建议和意见，明确小组最后的决定。

② 小组讨论确定贺卡样式，组长整理意见。

"贺卡的样子很多，你喜欢怎样的？哪些贺卡的外形吸引了你？谁这么有福气将得到你的精美贺卡呢？你觉得对方喜欢什么颜色和样式呢？贺卡上的图文如何安排得得体美观呢？"

小组成员制作贺卡设想汇总表

姓　名	制作材料	贺卡样式	贺卡赠送对象	贺卡上的图文

第二课时　设计环保宣传贺卡

1. 设计环保宣传贺卡

① 小组讨论，决定环保贺卡的样式。

② 确定环保贺卡的图片，小组内部交流分享图片，并且说明分享的理由。

2. 分配任务

根据成员个性、能力的不同，分配不同的任务，小组成员共同完成设计环保宣传贺卡。

3. 展示

由班长收集各小组设计的环保宣传贺卡样稿，在班级学习园地进行展示。大家投票评比，选出好的贺卡样稿。

第三课时 制作环保宣传贺卡

1. 选择制作环保宣传贺卡的方式

① 手工制作环保宣传贺卡。

搜集制作材料：家里各种准备废弃的可以用来制作贺卡的包装盒、彩色纸、剪刀、胶水等。先制作贺卡的外轮廓，再利用文字（艺术字体）和图像（平涂或立体造型）来布置贺卡上的内容，最后写上有关环保的一句话。

② 用电脑制作环保宣传贺卡。

提示：首先，要选定环保宣传的主题。其次，软件应用是制作电子贺卡的关键，基础的电脑和网络知识必不可少。可利用 Photoshop、Powerpoint、Word 等软件来制作。

2. 展示

全班展示环保宣传贺卡，评选出最美贺卡。

课例3 参与环保

综合活动一 做环保资源者

一、教学内容分析

本活动的目标是：了解招募环保志愿者所需要的准备工作，让更多的人参与到环保的行列中。具体内容是：设计招募环保志愿者的方案，招募志愿者；明确志愿者的任务；在特定的场合送环保贺卡。

> 教学时间：3 个课时
> 第一课时：招募环保志愿者
> 第二课时：明确环保志愿者任务
> 第三课时：特定场合送环保贺卡
> 教学准备：《绿色环保》教材
> 教学组织形式：班级集中明确任务，小组合作完成任务

二、教学目标

① 了解招募环保志愿者的方案制作过程。

② 知道环保志愿者的任务。

三、教学重点和难点

重、难点：招募环保志愿者的方案制作。

四、教学过程

第一课时　招募环保志愿者

1. 情境问题

教师可选取当年的环境保护志愿者活动的案例、报道等进行展示，作为引入。

2. 制定方案

①"保护环境不是一时的事，需要我们坚持，并随时随地付诸实际行动。只要我们每个人都行动起来，就一定能拯救和保护我们的家园。我们如何成为环保志愿者，成为环境污染的终结者，成为生态文明的捍卫者呢？"学生小组讨论。

② 制作一个招募环保志愿者的方案。

③ 小组讨论招募方案：做好招募工作的分工，制定招募活动的方案。

范例：

招募活动方案

一、活动主题

展青春风采，创环保模范。

二、活动目的

用青春的活力感染身边的每一个人与环保相连，用奔放的热情牵动社会上每一颗心与创模相系。为了嘉定的绿色梦想，我们点点滴滴在改变，为了国家环保模范城市的早日实现，我们时时刻刻在行动。让我们齐心协力，为嘉定的绿色梦想不懈奋斗！

三、活动内容

4 月 1 日至 5 月底，组建嘉定区各中学青年环保志愿者机构。

4 月 1 日至 5 月 13 日，在嘉定区青年环保志愿者队伍中开展嘉定区"青年环境友好使者"选拔赛。

5 月 16 日至 6 月 5 日，组织嘉定区"青年环境友好使者"参加"嘉定—普陀绿色力量对抗文艺比赛"。

6 月 4 日，"六·五"世界环境日青年自愿者大型活动。

7 至 10 月，环保志愿者进社区、进学校、进企业、进机关、进家庭环保公益系列活动。

9 月，组织环保志愿者开展创模满意度调查。

四、活动组织者

嘉定区教育局、嘉定区环境保护局、嘉定区团委、嘉定区各中学团委。

五、招募对象和人数

青年,共 200 名。

六、志愿者招募条件

① 嘉定区各中学在校学生。

② 具有良好的思想道德品质和社会奉献精神。

③ 热爱环保事业,并愿意积极投身环保事业,为之付出时间和精力。

④ 具备基本环保常识,知悉一般环保知识,并能随时正确地传递于人。

⑤ 有爱心、有耐心、有热情,具有良好的与人沟通与交流的能力。

⑥ 具有较强的组织协调能力,能积极协调配合各方资源,顺利完成各项环保志愿者活动。

七、报名时间和地点

时间：2012 年 4 月 1 日至 2012 年 6 月 5 日。

地点：嘉定区各中学团委。

第二课时 明确环保志愿者任务

① 分成若干组讨论,明确班级环保志愿者的任务,由组长负责记录讨论内容。

② 由班级投票,推选一名学生把各小组的文本汇总成文,形成初稿。

③ 每个小组对初稿再进行修改讨论。

④ 由班长汇总,正式成文,每人一份,并张贴在教室墙上。

⑤ 分组制定每个志愿者的任务。

第三课时 特定场合送环保贺卡

① 由组长把之前做的环保贺卡进行整理归类,进行统计。

② 小组讨论送环保贺卡的具体操作过程,何时、何地、何人送环保贺卡。

③ 各小组领取贺卡进行赠送活动。选出三位送环保贺卡的工作人员：一位负责送环保贺卡,一位负责对送环保贺卡的过程拍照,一位负责采访。

综合活动二 做环保实践者

一、教学内容分析

本活动的目标是：从身边做起,做一个环保实践者。具体内容是：通过调查确定环保实践活动,制定环保实践活动计划,参与到环保实践中。

> 教学时间：3 个课时
> 第一课时：调查确定环保实践活动
> 第二课时：制定环保实践活动计划
> 第三课时：参与环保实践
> 教学准备：《绿色环保》教材
> 教学组织形式：班级集中明确任务，小组合作完成任务

二、教学目标

了解环保实践者可以做哪些事情，提升环境保护意识。

三、教学重点和难点

重、难点：制作环保实践活动计划。

四、教学过程

第一课时　调查确定环保实践活动

① 以小组为单位开展"随手可做的环保小事"调查活动，完成下列表格。

南苑中学"随手可做的环保小事"调查表

年　级		班级		组长		调查时间	
小组成员							
调查对象							
调查结果							

② 根据调查结果，讨论确定适合本校学生的环保实践活动，并说明适合的理由。

第二课时　制定环保实践活动计划

活动 1：小组讨论制作环保活动计划表。

活动 2：小组合作制作环保活动方案。

第三课时　参与环保实践

1. 活动

① 小组讨论实践中可能会出现的问题，并提出解决办法。

② 每个小组推荐一名活动报道撰稿人，推荐到校报、校广播站等相关媒体。

③ 学生说说自己参与环保实践活动的体会、收获，并在组内交流。

④ 利用上述报道、照片、体会等材料，完成一期以环保实践活动为主题的黑板报。

2. 链接

①《从身边小事关注环保事业——张高峰和他的"绿色之友"》

②《外景摄影的拍摄技法》

综合活动三　学知识做环保

一、教学内容分析

本活动的目标是：利用学科知识积极参与环境保护活动。具体内容是：在课本中摘录有关环保知识的文字，并进行补充和拓展；选择一项环境问题，写出调查方案并进行科学实践活动，完成环保实践活动总结报告；汇总整理环保知识笔记，组织并举办一场环保竞赛。

> 教学时间：3 个课时
> 第一课时：读课本找环境知识
> 第二课时：实施学科知识中的环保
> 第三课时：记笔记参与环保知识竞赛
> 教学准备：①《绿色环保》教材
> 　　　　　②学科支持：地理教师、政治教师、语文教师、科学教师、数学教师
> 教学组织形式：班级集中明确任务，小组合作完成任务

二、教学目标

① 摘录有关环保知识的文字，并进行补充和拓展。

② 完成环保实践活动总结报告。

③ 汇总整理环保知识笔记，组织并举办一场环保竞赛。

三、教学重点和难点

重点：摘录有关环保知识的文字，并进行补充和拓展。

难点：选择一项环境问题，写出调查方案并进行科学实践活动，完成环保实践活动总结报告。

四、教学过程

第一课时　读课本找环境知识

① 选择两门已学的课程,摘录有关环保知识的文字。

> （1）我从_____学科教材_____（填章节内容）中摘录了一段有关_____（填环境问题）的描述。
> （2）我还从_____学科教材_____（填章节内容）中摘录了一段有关_____（填环境问题）的描述。

② 学生在自行摘录的基础上进行小组交流。

③ 完成上述摘录后进行思考（具体谈谈怎样将学科知识与环保结合起来）。

范例:七年级科学教材第八章《身边的溶液》中《使用酸、碱溶液的正确方法》的一段描述:

生活中我们常会使用到一些具有较强的酸性和碱性的液体,如消毒水和洗涤剂等。使用这些产品时,要仔细阅读使用说明和注意事项,才能保证安全使用。在实验室里我们也经常要使用酸碱溶液,实验完毕后,这些酸性和碱性废料应该怎样处理呢? 一般的处理方法是:将它们倒入废液缸内,用相关试剂中和后,使 pH 接近 7 时,才将混合液排入下水道。

第二课时　实施学科知识中的环保

活动 1:在课本中有关环境问题的知识中选择一项,写出调查方案并进行科学实践活动。

范例:

> （一）实验前的准备
> 1. 学习水的性质
> 2. 了解水被污染的原因及水中的杂质
> 3. 采集废水水样,分析数据
> 4. 写出实验方案
> 5. 设计实验,画出实验装置图
> 6. 分析实验中的注意点,预测实验结果
> 7. 收集资料,准备实验仪器和药品
> （二）实验过程
> 1. 搭建实验装置,进行实验

> 2. 观察和记录实验现象
> 3. 实验结束，整理实验仪器
> （三）实验后的数据处理
> 1. 整理实验数据，处理和分析实验数据
> 2. 优化和改进实验方案
> 3. 写出实验小结
> （四）写出实践活动的总结报告

活动 2：仿照之前所给范例，结合你所学的学科环保知识，选中一项内容，完成以下方案。

> ① 我选择从_____（语文、政治、地理、科学、数学）学科中进行有关学科环境保护的实践，内容是：_____。
> ② 写出所要进行调查或实践的方案。
> ③ 记录实践过程。（简明写出你在实践过程中观察到的数据、现象、结果或活动照片等）
> ④ 环保实践活动总结报告。

第三课时　记笔记参与环保知识竞赛

1. 提示

◇ 把全班同学整理的环保知识笔记内容进行分类汇总。

◇ 每位同学把电子稿复制到班级电脑桌面"环保知识"文件夹下，由班长和学习委员统一整理。

◇ 把相关资料打印并下发到每位学生的手中，由劳动委员负责。

◇ 进行班内的学科环保知识竞赛。

2. 具体活动

① 设计竞赛问题。

② 推选主持人，邀请比赛嘉宾。

③ 分组。

④ 由主持人设计主持讲稿。主持人从同学们设计的题目中选择和添加一些题目作为比赛题目（也可以向老师咨询），并设计比赛环节。

⑤ 生活委员购买活动用的道具和奖品。

⑥ 各组员布置活动场地。

⑦ 进行比赛活动。

⑧ 比赛结束,比赛嘉宾向优胜的小组颁发奖品,并对活动做简要评价。

⑨ 写活动感悟。

课例 4　创意环保

综合活动一　发现创意环保

一、教学内容分析

本活动的目标是:发现环保创意、废物利用创意,参与环境保护活动。具体内容是:收集有创意的环保标语、废物利用和环保设计。

> 教学时间:3 个课时
> 第一课时:收集有创意的环保标语
> 第二课时:收集有创意的废物利用
> 第三课时:寻找有创意的环保设计
> 教学准备:①《绿色环保》教材
> 　　　　　② 学科支持:语文教师、科学教师
> 教学组织形式:班级集中明确任务,小组合作完成任务

二、教学目标

收集有创意的环保标语、废物利用和环保设计。

三、教学重点和难点

重、难点:收集有创意的环保标语、废物利用和环保设计。

四、教学过程

第一课时　收集有创意的环保标语

活动 1:明确"标语"和"创意"的概念。

活动 2:收集有创意的环保标语。

提示:可借助网络查询收集,也可关注实际生活中张贴的各类环保标语,注意同类标语避免雷同,尽量涉及环保的各个方面。

活动 3:以小组为单位,评选出最有创意的环保标语。

第二课时　收集有创意的废物利用

活动 1:明确"废物利用"的概念。

活动2：寻找生活中的废物利用创意。

活动3：以小组为单位，评选出最具创意的废物利用。

第三课时 寻找有创意的环保设计

活动1：寻找环保设计创意。

活动2：以小组为单位，评选出最具创意的废物利用。

综合活动二 创意环保大赛

一、教学内容分析

本活动的目标是：发掘和利用身边的废弃物，制作创意环保作品，举办"创意环保作品"大赛。具体内容是：挖掘能够废物环保利用的创意，通过小组合作，共同完成创意环保摄影作品，举办"创意环保作品"大赛，并做出个人点评。

> 教学时间：3个课时
> 第一课时：废物环保利用
> 第二课时：创意环保作品
> 第三课时：我的创意环保作品
> 教学准备：①《绿色环保》教材
> 　　　　　②学科支持：语文教师、科学教师
> 教学组织形式：班级集中明确任务，小组合作完成任务

二、教学目标

① 学会发掘和利用身边的废弃物。

② 能够小组合作，共同完成创意环保摄影作品。

③ 举办"创意环保作品大赛"，并做出个人点评。

三、教学重点和难点

重点：学会发掘和利用身边的废弃物。

难点：小组合作，共同完成创意环保摄影作品，举办"创意环保作品大赛"，评选最佳作品。

四、教学过程

第一课时 废物环保利用

① 发掘和利用我们身边可利用的废弃物，或者是还可以变废为宝的废弃物。

② 确定制作什么东西，需要哪些可利用的废弃物。

③ 明确制作物品需要的一些工具和一定的制作技能。

④ 填写计划汇总表。

各小组制作用品计划汇总表

	制作的用品	需要的工具	可利用的废弃物	合作人
第一小组				
第二小组				
第三小组				
第四小组				

第二课时　创意环保作品

活动1：写创意环保标语并配图。

活动2：拍摄创意环保照片。

活动3：小组合作，共同完成创意环保摄影作品。

活动4：评选优秀创意环保摄影作品。

第三课时　我的创意环保作品

活动1：制作创意环保作品。

活动2：举办"创意环保作品大赛"。

大赛要求：

① 本次活动面向全校学生。

② 设计原料必须为废旧物品，可以是生活用具、学习用品等，要求设计出极具欣赏力、风格独特的作品，作品的大小、风格、样式不限。要有一定的理念，表达的思想健康向上。

③ 作品必须为原创，不得抄袭或转借他人作品，若发现抄袭将取消参赛资格。

④ 上交作品时需用纸条注明参赛选手所属的班级、姓名、作品名称。

⑤ 参赛方法：参赛作品在班级内初定，最终选出最具创意性和代表性的作品参加学校的评比。

⑥ 奖项设置：一等奖一名、二等奖两名、三等奖三名、创意奖三名、外观设计奖三名、发明设计奖三名。

活动 3：评选出班级创意环保优秀作品。

活动 4：对个人作品做出点评。

综合活动三 创意环保展览

一、教学内容分析

本活动的目标是：布置创意环保作品展，组织参观展览。具体内容是：收集创意环保作品，布置创意环保作品展览，并组织参观展览。

教学时间：3 个课时

第一课时：收集创意环保作品

第二课时：布置创意环保作品展览

第三课时：组织参观展览

教学准备：①《绿色环保》教材

　　　　　② 学科支持：地理教师、信息教师、语文教师、科学教师

教学组织形式：班级集中明确任务，小组合作完成任务，实地参观

二、教学目标

① 整理并分类收集到的创意环保作品。

② 设计并分工合作布置创意环保作品展览，并组织参观。

三、教学重点和难点

重点：设计并分工合作布置创意环保作品展览。

难点：分工合作组织创意环保作品展览。

四、教学过程

第一课时 收集创意环保作品

活动 1：推选征集创意环保活动的标语。

创意环保标语登记表

姓　名	环　保　标　语

活动 2：开展征集创意环保作品活动。

创意环保摄影作品登记表

姓　名	摄影作品名称	姓　名	摄影作品名称

创意环保作品名称登记表

姓　名	创意环保作品名称	姓　名	创意环保作品名称

活动 3：对创意环保作品进行分类。

创意环保作品类别登记表

作　品　类　别	姓　名	作　品　名　称

活动 4：数据统计员进行最后汇总。

创意环保作品数量登记表

作品类别	作品数量	作　品　名　称

第二课时　布置创意环保作品展览

① 查阅展厅的布置技巧,设计布置图。

我建议创意环保作品展览的地点是：＿＿＿＿＿＿＿＿。最后由班长确定创意环保作品展览的地点是：＿＿＿＿＿＿＿＿＿＿＿＿＿＿＿＿＿。

② 分成若干小组,每组 6 人,选出一位组长。组长是：＿＿＿＿＿＿＿。组员是：＿＿＿＿＿＿＿。

③ 全班投票选出最佳布置图样稿。

④ 分工合作，按照设计图进行创意环保作品展览的布置。

第三课时　组织参观展览

活动 1：确定参观创意环保作品展览的时间。

活动 2：推选 5 位同学，负责制作创意环保作品展览的宣传单。

活动 3：由班长将宣传单打印出来，并进行复印。

活动 4：选出 10 位同学负责分发宣传单。

活动 5：推选 1 位数据统计员，统计出参观人数。

活动 6：选出 2 位同学负责维持参观展览时的秩序。

活动 7：选出 1 位同学负责对参观创意环保展览活动的过程拍照。

活动 8：选出 1 位负责对参观者进行采访并做好记录的同学。

活动 9：整理对此次创意环保作品展览活动的评价。

课例 5　生态环保

综合活动一　认识生态环保

一、教学内容分析

本活动的目标是：了解生态环保的概念、宗旨和与生态环保有关的纪念日，完成小组活动方案，明确生态环保小做法。具体内容是：通过案例了解生态环保的概念、宗旨，选择一个生态纪念日，完成小组活动方案，从自身做起，学会生态环保做法。

教学时间：3 个课时

第一课时：对生态环保的认识

第二课时：认识与生态环保有关的纪念日

第三课时：从我做起

教学准备：①《绿色环保》教材

②学科支持：语文教师、科学教师

教学组织形式：班级集中明确任务，小组合作完成任务

二、教学目标

① 了解生态环保的概念和宗旨。

② 以一个纪念日为主题，完成小组活动方案。

③ 从我做起，学会生态环保做法。

三、教学重点和难点

重、难点：以一个纪念日为主题，完成小组活动方案。

四、教学过程

第一课时　对生态环保的认识

活动 1：情境引入。（多情境，多照片）

问题 1：以上 2 个情境说明什么问题？

问题 2：四张照片给了你什么样的感受？

活动 2：阅读相关材料后回答问题。

问题 3：写出对生态环保概念的理解。

问题 4：写出对生态环保宗旨的理解。

活动 3：分组，挑选 2—3 组进行全班交流。

第二课时　认识与生态环保有关的纪念日

活动 1：成立中心组，事先做好一张张环保纪念日翻牌，然后以游戏的形式，以自然组为单位，说出与环保有关的纪念日。

活动 2：选择一个纪念日作为主题，了解并介绍，要求以图文并茂的形式介绍相关内容，加深对生态环保的认识。

活动 3：完成小组活动方案。

第三课时　从我做起

活动 1：阅读"我国生态环境现状评估"材料。

问题 1：材料中的数据说明我国＿＿＿＿＿＿。那么我们该如何做，才能尽到每个公民应有的责任呢？从下列调查中寻找答案。

问题 2：日常生活中，除了以上 13 条内容，你认为还可以怎么做，能够为生态环保尽绵薄之力？

综合活动二　嘉定工业区生态环保调查

一、教学内容分析

本活动的目标是：实地调查企业生态环保，完成调查日记。具体内容是：做好调查准备，实地调查企业生态环保，撰写调查日记。

> 教学时间：3 个课时
> 第一课时：调查准备
> 第二课时：企业生态环保实地调查之一
> 第三课时：企业生态环保实地调查之二

> 教学准备：《绿色环保》教材
> 教学组织形式：班级集中明确任务，小组合作完成任务

二、教学目标

学会实地调查的步骤，学会写调查日记。

三、教学重点和难点

重、难点：学会实地调查的步骤，学会写调查日记。

四、教学过程

第一课时　调查准备

① 主要对嘉定工业区的华宝食用香精香料（上海）有限公司和上海帕卡濑精有限公司开展生态环保实地考察，并收集和展示相关信息。

② 将班级分成两个调查小组，一个小组调查华宝食用香精香料（上海）有限公司的生态环保方面的工作，另一小组调查上海帕卡濑精有限公司的生态环保方面的工作。在老师的帮助下，联系这两所企业的相关负责人，确定参观调查的时间和议程。

> **议　程**
> 9：00 到达
> 9：05 集中会议室观看公司环保方面的视频
> 9：35 听取公司相关负责人对有关该公司的生态环保方面的介绍
> 10：00 参观公司的废水处理站和实验室
> 10：20 回会议室交流、提问
> 10：30 参观结束并互赠纪念品

第二课时　企业生态环保实地调查之一

参观华宝食用香精香料（上海）有限公司：

① 从该公司播放的视频或公司相关负责人的介绍中了解到该公司有关环保工作方面的信息记录。

② 了解华宝食用香精香料（上海）有限公司的废水处理工艺流程。

③ 参观该公司的污水处理站，并拍摄照片。

④ 参观公司的水质检测实验室。

⑤ 对负责接待的人员表示感谢，并和他们交流。

⑥ 撰写调查日志。

第三课时　企业生态环保实地调查之二

参观上海帕卡濑精有限公司：

① 了解上海帕卡濑精有限公司的废水处理工艺流程。

② 参观该公司的污水处理站，并拍摄照片。

③ 参观公司的水质检测实验室。

④ 对负责接待的人员表示感谢，并和他们交流。

⑤ 调查活动结束，撰写调查日志。

课例6　生态环保

综合活动一　校园生态环保设计

一、教学内容分析

本活动的目标是：学会设计校园生态环保标识，并对校园室内和校园生态环保环境做出设计。具体内容是：通过小组分工合作的方式，对校园室内和校园生态环境做出设计。

> 教学时间：3 个课时
> 第一课时：环保标识的设计
> 第二课时：校园室内生态环境设计
> 第三课时：校园生态环境设计
> 教学准备：①《绿色环保》教材
> 　　　　　② 学科支持：地理教师、信息教师、语文教师、科学教师
> 教学组织形式：班级集中明确任务，小组合作完成任务

二、教学目标

① 学会设计校园生态环保标识。

② 学会设计校园室内和校园生态环境。

三、教学重点和难点

重点：学会设计校园生态环保标识。

难点：学会设计校园室内和校园生态环境。

四、教学过程

第一课时　环保标识的设计

活动 1：上网查找环保标识。

活动2：设计校园生态环保标识。

分成若干组，每组4人，选出一名组长。组长是：_____。组员是：_____。

我们小组的设计样稿是：

我们设计的环保标识名称是：_____。

它所表示的含义是：_____。

第二课时　校园室内生态环境设计

设计主题：幸福教室，生态之家。

活动1：办公室室内生态环境设计。

活动2：教室室内生态环境设计。

活动3：室内（教室、办公室、厕所等）生态环境设计。

活动4：对校园环保标识的设计图进行归类。

活动5：全班学生分成若干组，每组若干人，推选出一名组长。

第三课时　校园生态环境设计

活动1：确定我们校园的生态环境设计主题。

活动2：确定校园生态环境设计图。

范例：

◇ 校园生态环境设计的主题：生机盎然。

◇ 设计说明：从绿化环境（种什么树和花草、各种多少），苗圃种植（多大面积、花色品种），道路景观（路旁的植物和环保设置）等方面统一风格。

（本章执笔：张伟明、周萍、唐奕青）

第三章
学科融合：STEAM 课程的深度

2013 年的《地平线报告（基础教育版）》将 3D 打印技术列为教育领域未来 4—5 年内待普及的创新型技术。"玩转3D 打印"课程利用最新的 3D 打印技术，在诸多有趣且联系实际的案例中嵌入理论知识与建模技巧，让学生在学中做、做中学，为学生提供计算机新技术接触及应用的实践平台，培养学生的艺术素养和创新设计能力，更好更快地将创意转化成实物，使学生充分体验 3D 打印这项新兴的技术对生活和未来的作用，深刻感受新科技的魅力，大大拓宽学生的学习视野。

"玩转 3D 打印"课程通过项目式的先进教学模式,帮助学生综合运用各种科学知识和技术来激发超凡的想象力与创作能力。学生在学习的过程中掌握了模型设计、3D 打印、元器件与 3D 建模相结合等知识,提高了项目规划与主动学习的能力,将学到的 3D 技能更好地落地实施。

教师在项目进程中,鼓励学生自主发现问题并解决问题,为学生提供专业的技术指导,引导学生掌握一定的科学实验的方法与思路,培养学生的跨领域思维、团队协作能力以及独立解决问题的能力。

课程纲要   神奇的 3D 打印

3D 打印技术被称为"第三次工业革命"的助推力,其最大的魅力在于为创意设计提供了无限的可能性。学校将 3D 打印技术引入科技创新课程,可以充分培养学生的综合素质能力,提高学生的未来核心竞争力。"玩转 3D 打印"课程在自主拓展课程内实施,由对 3D 打印科目有兴趣的六、七年级学生自主选择学习。

一、课程背景

3D 打印是一种通过材料逐层添加制造三维物体的变革性、数字化增材制造技术,它将信息、材料、生物、控制等技术融合渗透,将对未来制造业生产模式与人类生活方式产生重要影响。随着电子科技的日益发展,3D 设计软件的极度简易化开始能够匹配青少年的年龄特点及学习能力,使其无需通过长时间的专业学习也能通过 3D 设计软件表达想法,并且结合 3D 打印机这一快速成型设备,便可将无穷的设计想法和无限制的实体制造完美地结合起来。

在当前提倡素质教育的大环境下,开设培养学生创新精神和创造力的课程,对学校、教师和学生都是一条新奇且充满挑战和未知的道路,试想如果学生能把数学、物理、工学课中的许多抽象概念动手设计成一些由 3D 打印组件组成的小装置,是一件多么有趣的事情!

本课程始终贯彻"成就学生的未来竞争力"的理念，激发学生的学习热情和终身学习的意识，培养学生的动手能力、探索精神、协作意识和创新能力。3D打印科目将引导新一代学生投身科学、数学、工程和设计领域，造就一批新时代的学生工程师，培养具备 STEAM 综合素质的新型人才，从而为未来社会的中坚力量做准备。

二、课程目标

① 了解 3D 打印的发展历程和基本工作原理，学会使用 3D 打印机。
② 熟练掌握 3D One 建模软件的操作，学会基础的建模方法与思路。
③ 理解 3D 打印作品的设计理念，提升创意思维和艺术素养。

三、课程内容

本课程从学生实际情况出发，联系诸多制作实例，由易到难，由简到繁，循序渐进地讲解了 3D 打印的技巧和 3D One 软件的使用，贴合学生的认知水平和实际生活，不同的实例侧重不同的工具栏命令使用，全面覆盖 3D One 的功能和操作。"玩转 3D 打印"STEAM 创新课程的内容分为六个模块，参考了流行游戏里的段位划分，暗示学生一步一个脚印地走好从 3D 打印领域的菜鸟到高手的升级之路，并且增加了阅读的趣味性来激发学生的学习兴趣。

模块 1：倔强青铜——虚拟与现实的结合

本模块的主要目标：了解 3D 打印技术的发展历程，理解 3D 打印机的工作原理，体验虚拟的计算机建模和现实的 3D 打印相结合的过程。

具体内容：了解 3D 打印技术的发展历史和打印机工作原理，观看建模软件 3D One 展示的 3D 作品，并与教师一起打印 3D 模型。

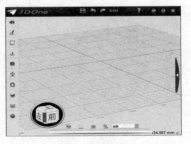

模块 1 示例图

模块 2 示例图

模块 3 示例图

模块 4 示例图

模块 5 示例图

模块 2：秩序白银——菜鸟的打怪升级之路

本模块的主要目标：学习如何操作 3D 切片软件，并用 3D One 和切片软件制作七巧板，体验设计建模到作品打印出来的过程。

具体内容：学习切片软件以及 3D One 软件的界面与功能，设计建模小作品，并且操作 3D 打印打印机作品。

模块 3：荣耀黄金——3D One 制作实例

本模块的主要目标：学会使用 3D One 软件的简单命令功能制作小作品。

具体内容：学习手机号钥匙扣、心形宝盒、挂饰、手机架、公交卡套、笔筒和油纸伞这 7 件样例作品的建模过程，完成每课对应的样例模型制作，掌握并灵活运用相关命令，建立起初步的空间概念和建模思维。

模块 4：尊贵铂金——工程师的匠心独运

本模块的主要目标：熟练运用 3D One 软件的命令功能，并设计 3D 作品。

具体内容：学习汉诺塔、金字塔、万圣节南瓜灯和鲜花这 4 件样例作品的建模过程，完成每课对应的样例模型制作，掌握并灵活运用相关命令，自己动手设计相关作品。

模块 5：永恒钻石——当 3D 打印遇上电子化

本模块的主要目标：完成探究式的学习任务，将电学知识运用到 3D 创意作品中。

具体内容：设计独特个性的小夜灯，将电路知识和小夜灯结合，让小夜灯亮起来；设计独特个性的小风扇，了解电机（马达）的工作原理，并和小风扇结合让小风扇转起来。

模块 6：最强王者——艺术家的自我修养

本模块的主要目标：将 3D 打印和艺术表现相结合，提升艺术素养。

具体内容：自己设计作品，将 3D 打印技术和工学、数学、电子学等知识融合起来，完成兼具艺术和功能的作品。

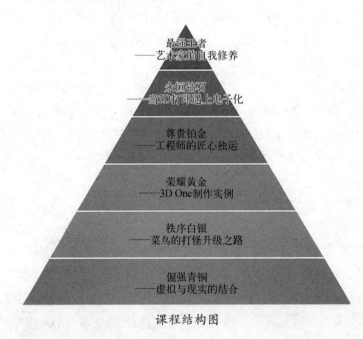

课程结构图

四、课程实施

本课程实施时间为 30 课时，具体需要的课程资源有：1 块电子白板；20 台装有 3D One 软件的计算机；4 台 3D 打印机；20 本 3D One 校本教材。

本课程通过点拨学习、实操学习、赛事学习等一系列手段和方法让学生在动手制作和实验探究的过程中获取基本科学知识和原理，提高动手能力和表达能力。

（一）点拨学习

每一个主题项目的学习，老师都会以艺术欣赏的方式引起学生的兴趣，然后通过分析讲解案例来拓展相关学科知识点,同时对作品的造型和功能提出详细的要求和目标,辅之以考核评价标准,引导学生逐步形成整个作品的设计理念。

(二)实操学习

每堂课分析和讲解实例的制作方法和技巧,学生跟着一起动手操作,巩固练习软件功能和制作方法,培养逻辑思维能力、判断力等综合能力。之后学生进行实例设计来建立自己的作品模型,在举一反三的基础上扩展视野,提升艺术修养、设计创造能力和动手能力。

(三)赛事学习

我校"玩转 3D 打印"STEAM 创新课程是提升学生创新思维和创新能力的课程,也会为学生提供比赛机会,在比赛中开拓他们的视野,锻炼他们的自信心、创新思维和动手能力。

五、课程评价

对该课程的开发和实施的评价,是提高学校科目开发与实施质量的保证。

我们采用了展示性评价和评选性评价两种手段来为该课程的实施过程进行评价,以到达改善教学设计,优化教学过程,鼓励学生激发学习兴趣,促进课程建设的发展的目的。

(一)展示性评价

学生选出自己 1—2 件得意作品,以班级活动、学校活动、科技节为平台进行作品展示和解说,既可以将自己的作品和设计理念展示给大家,又可以从反馈和建议中进一步改进和优化自己的作品,教师在这个过程中下发评价表,每个内容的评价分为"非常好""良好""一般""还需努力"四个等级,采取学生自评、学生互评、教师评价、综合评价四种评价方式来进行评价,具体见如下评价表。

"玩转3D打印"课程展示性评价表

班级：　　　　　　　　　　　　姓名：

活动主题：　　　　　　　　　　　　　　　日期：　　年　月　日

评价项目	具 体 内 容	评 价 等 级			
		自　评	小组互评	教师评价	综合评价
情感态度	1. 对新事物充满好奇，善于发现，追求独特				
	2. 自主学习，独立思考，敢于质疑，大胆提出设想和建议				
	3. 不怕困难和挫折，能够自主解决问题				
团队合作	1. 乐于合作，积极沟通，主动配合				
	2. 尊重他人，学会倾听，欣赏他人的作品				
	3. 合理分工，互相帮助，提高团队的效能				
学习技能	1. 能独立完成建模到3D打印的过程				
	2. 设计合理，步骤清晰				
	3. 合理取材，节约用材				
	4. 多渠道收集、处理信息				
实践表达	1. 积极动脑，善于用文字、语言、图画等进行表达				

续　表

评价项目	具 体 内 容	评 价 等 级			
		自　评	小组互评	教师评价	综合评价
实践表达	2. 手脑并用,用作品形象地进行表达				
	3. 作品有新意,与社会环境有联系				
成果展示	1. 模型:设计构思新颖,形象清晰,尺寸合理				
	2. 作品:符合设计理念和规格,做工精致				
	3. 美化:装饰点缀合理巧妙,色彩明快				
	4. 演讲:精神饱满,主题清晰完整,语言流畅,表演得体				
	5. 展板:标题醒目,语言简洁,图文并茂,设计清新				
我对自己的评价					
小伙伴们对我的评价					
爸爸妈妈对我的评价					
老师对我的评价					

（二）评选性评价

作品展示后，学生为自己喜爱的作品投票，评选"最佳创意奖""最佳设计奖"。每位学生有两票投票权（"最佳创意奖""最佳设计奖"各一票），票数最高的作品为获奖作品。

最佳创意奖：作品创意新颖、独立、有特色，有一个或多个创新点。

最佳设计奖：作品在规定主题的情况下，具有不同凡响的功能与内容，并有完整的设计理念或设计图纸作为展示说明，打印作品应体现设计理念中提出的功能和内容。

课程图谱　"设计师"与"工程师"的强强联手

"玩转 3D 打印"作为 STEAM 创新课程具备了哪些课程元素呢？在完成一

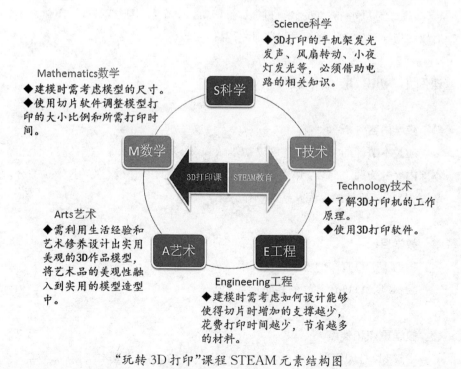

"玩转 3D 打印"课程 STEAM 元素结构图

个 3D 打印模型的探索过程中,学生会发现单一的学科知识已经满足不了需求了,需要将科学(Science)、数学(Mathematics)、技术(Technology)、工程(Engineering)和艺术(Arts)等方面的知识相结合。

S:科学,运用化学、电学、物理学等科学知识。

T:技术,涉及 3D 打印技术及工作原理,需要学习 3D 软件的使用。

E:工程,设计模型时需考虑节省模型材料和支撑材料的使用。

A:艺术,作品模型是否将美观性与实用性相结合。

M:数学,使用切片软件时考虑模型尺寸和打印时间。

学习手册　模型制作与思维创造的升华

本课程每个课例所需教学时间为 2 个课时,教学准备需电子白板、教学 PPT、装有 3D One 软件的计算机、3D 打印机。教学组织形式为:先集体教学,后教师指导学生独立练习、设计制作作品。

课例 1　初识 3D One 软件

◎　**教学内容分析**

通过本节课的学习,学生可以初步认识 3D 打印软件、掌握 3D 打印流程。本课内容分为两个部分:第一部分,了解 3D 打印的概念以及应用;第二部分,掌握 3D One 软件的界面及基本操作。

◎　**教学目标**

① 了解 3D 打印的概念以及应用。

② 掌握 3D One 软件的界面及基本操作。

◎　**教学重点和难点**

了解 3D 打印原理及耗材,掌握 3D One 软件的界面及基本操作。

◎　**教学过程**

一、课程导入

① 教师进行自我介绍，可利用幽默的、有趣的介绍方式让学生记住自己。

② 教师引导班上同学进行自我介绍，可利用游戏的方式进行本环节，比如串名字游戏等。

③ 教师组织学生成立小组团队，小组内部互相认识，起队名，设计口号，制定组内契约，可利用游戏的方式进行本环节，比如抱抱团游戏等。

④ 教师介绍课程结构，制定课堂规范。

二、探索新知

① 通过观看视频了解 3D 打印及其应用领域。

② 学习 3D 打印原理。

师：3D 打印机与普通打印机工作原理基本相同，只是 3D 打印机内装有金属、陶瓷、塑料、砂等不同的打印材料，与电脑连接后可以把打印材料一层层叠加起来，最终把计算机上的蓝图变成实物。

③ 学习 3D 打印材料。

师：3D 打印材料是 3D 打印技术发展的重要物质基础。目前，3D 打印材料主要包括工程塑料、光敏树脂、橡胶材料、金属材料、陶瓷材料等。常用的材料有 ABS 塑料、PLA 塑料、工程塑料。（教师可扩展讲解各材料的特点）

三、综合实践

① 学生学习 3D One 软件的安装和使用。

② 教师向学生介绍 3D One 的界面及各部分的功能应用。

3D One 的设计界面非常简洁，包含菜单栏、标题栏、帮助和授权、命令工具栏、XY 平面网格、案例资源库、视图导航器、DA 工具条、坐标值和单位展示框。

四、触类旁通

① 师：通过 3D One 软件，同学们可以制作哪些作品，方便自己的生活学习？

② 师：通过这堂课的学习，你都学会了什么？能讲给你的小伙伴听吗？

课例 2　七巧板制作

◎　**教学内容分析**

通过此节课学习，学生需初步掌握 3D 打印的流程和 3D One 软件操作的技巧,在此基础上本课内容分为两个部分:掌握切片软件应用;尝试七巧板的制作。

◎ **教学目标**

① 熟练掌握切片软件(Pango)的使用。

② 掌握 3D 打印机的基本操作。

③ 通过 3D One 学会制作七巧板的一般步骤和方法,初步培养观察能力、动手操作能力和创新能力。

◎ **教学重点和难点**

① 教学重点:学会使用切片软件,通过 3D One 制作七巧板。

② 教学难点:掌握 3D 打印机的基本操作。

◎ **教学过程**

一、课程导入

对话引入:

师:你们都知道哪些益智玩具?

常见的益智玩具有:七巧板、积木、跳棋、魔方、鲁班锁、橡皮泥……

师:那你们觉得七巧板是什么样的玩具呢?

教师介绍七巧板的基本知识。

二、探索新知

① 观看七巧板动画视频,了解七巧板的结构组成。

七巧板的完整图案为一正方形,由七块板组成:五块等腰直角三角形(两块小形三角形、一块中形三角形和两块大形三角形)、一块正方形和一块平行四边形。

② 动手实践:利用剪刀和不同颜色的彩纸制作一个平面七巧板。

三、综合实践

利用 3D One 软件制作七巧板。建模步骤:

① 启动 3D One 程序,在"视图导航器"中选择"上",并将鼠标指向浮动工具栏上,选择"查看视图中的自动对齐视图"图标。

② 选择"矩形"，画一个正方形。

③ 选择"拉伸"命令，对草图进行拉伸操作。

④ 选择"直线"工具，画出想要的分割直线。

⑤ 选择"实体分割"工具分割正方形。

⑥ 选择"组合编辑"进行组合，得到我们需要的七巧板形状。

⑦ 选择"材质渲染"，对七巧板的每一块形状分别进行渲染操作。

四、拓展创新

① 认识切片软件 Pango。

教师向学生介绍 Pango 的界面及各部分的功能应用：有菜单栏、信息栏、标识栏、主视图、工具栏、标尺栏、坐标轴、状态栏 8 个部分。

② 了解切片软件的注意事项。

③ 学习切片软件的参数调整。

④ 学会保存模型文件，并利用打印机打印 3D 作品。

五、触类旁通

① 师：通过 3D One 软件，同学们可以制作哪些作品，方便自己的生活学习？

② 教师：提问：通过这堂课的学习，你都学会了什么？能讲给你的小伙伴听吗？

课例 3　手机号钥匙扣制作

◎　**教学内容分析**

通过前几课的学习，学生已初步掌握 3D 打印的流程和 3D One 软件操作的技巧，在此基础上本课内容分为两个部分：手机号钥匙扣的建模，手机号钥匙扣的 3D 打印。

◎　**教学目标**

① 认识基本实体。

② 了解"抽壳"，学会"预制文字"。

◎ **教学重点和难点**

学会钥匙扣的建模及辅助几何体和辅助草图的使用。

◎ **教学过程**

一、课程导入

师：很多时候，我们会不经意间把钥匙随手一放，然后找不到了，即使被人捡到也很难将它还给失主。如果我们给钥匙扣配个手机号的钥匙牌，这样就比较容易让捡到的人联系你，从而找回钥匙。

二、探索新知

① 打印材质选择硬的还是柔软的？

② 钥匙扣的字号用几号能显得比较清晰？

③ 用手按压不同厚度的卡槽，哪个卡槽不易弯折？

三、利用 3D One 软件制作手机号钥匙扣

① 在基本面上，选择"六面体"，绘制六面体。

② 使用"圆角"选择六面体侧面的四个角，进行圆角处理。

③ 使用"抽壳"命令，对经过圆角处理的六面体进行抽壳操作。

④ 在基本面上，使用"六面体"命令，绘制另一个六面体。

⑤ 使用"预制文字"命令，选择钥匙内基体的上面，完成文字"13801234567"，然后点击软件中央上侧的 ✔ 完成绘图制作，退出草图。

⑥ 使用"拉伸"命令，对文字进行拉伸，拉伸类型选择为"加运算"。

⑦ 外圈的制作：使用"圆柱体"命令，在基本面上的钥匙扣左侧，绘制圆柱体，运算类型为"新实体"。

⑧ 使用"抽壳"命令，对圆柱进行抽壳操作，开放面为上下两个面。

⑨ 使用组合"编辑命令"，基体选择钥匙扣主体，合并体选择钥匙扣，操作方式选择"加运算"。

⑩ 判断整个钥匙扣是否为一个整体。

⑪ 保存为 Z1 格式和 STL 格式两个文件，Z1 格式文件为可继续编辑的文件，STL 格式文件为不可编辑、专供打印机进行打印的文件格式。

四、触类旁通

① 观察一下生活中的各种钥匙扣，总结它们的特点并说说这些设计中优

秀和不足的地方。

② 师：通过这堂课的学习，你都学会了什么？ 能讲给你的小伙伴听吗？

课例 4　心型宝盒制作

◎　**教学内容分析**

通过此节课学习，学生需进一步掌握 3D 打印的流程和 3D One 软件操作的技巧，在此基础上本课内容分为两个部分：心形宝盒的建模、心形宝盒的 3D 打印。

◎　**教学目标**

① 认识"草图绘制"。

② 了解"草图编辑"。

③ 学会运用"镜像"。

◎　**教学重点和难点**

熟练运用"草图绘制""草图编辑"的功能，学会"辅助草图"和"镜像"的使用。

◎　**教学过程**

一、课程导入

① 师：基本实体的图形非常有限，很多时候我们需要设计形状各异的产品，应该怎么做呢？ 这个时候我们需要用到草图。

② 师：三维设计的要诀：复杂问题简单化，简单问题平面化。草图的本质就是平面化的图，下面我们通过草图制作心形宝盒。

二、探索新知

① 平时如何向父母表达爱意？

② 母亲用什么收纳首饰？

三、综合实践

1. 利用 3D One 制作心型宝盒的主体

建模步骤：

① 在基本面上,使用"矩形"命令,绘制矩形。

② 使用"通过点绘制曲线",在矩形中绘制右半边心形的曲线,结束绘制请点击绿色的 ✔ 。

③ 使用"镜像"命令,通过镜像心形右侧的曲线,绘制心形左侧曲线,点击绿色 ✔ ,完成镜像制作。

④ 使用"单击修剪"命令,去除除了心形轮廓外的其他辅助线,点击"确定"退出草图模式,此时图形应为实心蓝色。

⑤ 使用"拉伸"命令,将心形草图拉伸为"实体"。

⑥ 使用"抽壳"命令,对心形实体进行抽壳操作,开放面为上面。

2. 利用 3D One 软件制作心型宝盒的盒盖

建模步骤:

① 心形盒盖可以参照心形宝盒来制作,这样才能保证两者的尺寸相吻合。

② 使用"参考几何体"命令,确定参考面,在参考面使用鼠标左键点击心形外沿的参考曲线,参考完线条变为蓝色。

③ 使用"偏移曲线"命令,曲线选择步骤②中的两条曲线,表示向外偏移,然后点击绿色的 ✔ ,退出草图模式。

④ 使用"拉伸"命令,对步骤③中的曲线进行拉伸,拉伸类型选择为"新实体"。

⑤ 在环状心形体上面,使用"参考几何体"命令,参考环状心形外沿进行曲线参考。

⑥ 使用"拉伸"命令,选择步骤⑤中的曲线进行拉伸,拉伸类型为"运算"。

⑦ 保存 Z1 格式的源文件以备继续编辑,本作品需要单独保存盒子和盒盖两个 STL 文件,将两个文件分别打印,成品组装在一起。

四、触类旁通

① 观察一下生活中的首饰盒,总结它们的特点并说说这些设计中优秀和不足的地方。

② 师:通过这堂课的学习,你都学会了什么? 能讲给你的小伙伴听吗?

设计意图:让学生之间交流学习中的感悟和体会,对 3D 打印有更深入的认识。

课例 5　挂饰制作

◎　**教学内容分析**

通过此节课学习，学生需进一步掌握 3D 打印的流程和 3D One 软件操作的技巧，在此基础上本课内容分为两个部分：挂饰的建模、挂饰的 3D 打印。

◎　**教学目标**

① 认识基本实体。

② 了解"特征造型"工具。

③ 学会使用"圆角"。

◎　**教学重点和难点**

学会挂饰建模和颜色渲染的使用。

◎　**教学过程**

一、课程导入

① 师：在我们的教室里，除了桌椅、学习用品，还有各类装饰用的挂饰。在这一节课的内容里，让我们继续一展身手，设计出一个漂亮美观的挂饰。

② 提问：生活中哪些地方会用到挂饰？

③ 提问：说几个挂饰的用途。

二、探索新知

① 了解"挂饰"的历史、发展、种类等知识。

② 利用材料包制作春节小挂饰。

三、综合实践

1. 利用 3D One 软件制作挂饰基本体

建模步骤：

① 选择"六面体"工具，选择网格面作为放置面，并设置六面体大小。

② 选择"预制文字"工具，选择网格面作为草图平面，写文字。

③ 选择"拉伸"工具，选择草图中的文字，拉伸高度，旋转类型为"加运算"。

2. 利用 3D One 软件制作挂饰

建模步骤：

① 选择"圆柱体"工具，中心点选择六面体上表面顶点，并修改大小。

② 选择"圆柱体"工具，中心点选择圆柱的中心点，并修改大小。

③ 选择"圆角"工具，选择需要倒圆角的边 3。

④ 选取"颜色"工具，选择喜欢的颜色进行渲染。

⑤ 保存为 Z1 格式和 STL 格式两个文件。

四、触类旁通

① 观察一下生活中的各种挂饰，总结它们的特点并说说这些设计中优秀和不足的地方。

② 师：通过这堂课的学习，你都学会了什么？ 能讲给你的小伙伴听吗？

课例 6   手机架制作

◎   **教学内容分析**

通过此节课学习，学生需进一步掌握 3D 打印的流程和 3D One 软件操作的技巧，在此基础上本课内容分为两个部分：第一部分是音符手机架的建模，第二部分是音符手机架的 3D 打印。

◎   **教学目标**

① 学习 3D One 中辅助几何体和辅助草图的操作。

② 完成音符手机架的建模设计部分。

③ 完成音符手机架的 3D 打印。

◎   **教学重点和难点**

① 教学重点：音符手机架的建模部分。

② 教学难点：辅助几何体和辅助草图的使用。

◎   **教学过程**

一、课程导入

师：音乐是这个世界上最奇妙的语言，不需要华丽的文字修饰，仅仅凭借那么几个音符，就可以把各种情感生动地演绎出来，它是一种可以跨越国界、民族、人种、文化、语种的语言。这节课我们将要完成一个小创意，把音符和手机架结合在一起，做一个可以使用的音符手机架。

二、探索新知

① 提问：手机架要满足怎样的造型才能比较稳定？

② 提问：你认为1—7中哪一个音符最适合用来做手机架？

设计意图：音乐属于"STEAM"中的"A"（艺术），手机架属于生活中的技术，3D打印是现代化的数字成型技术，引导学生将三者结合，会变成什么有趣的东西呢？让学生学会倾听，提出疑问，并联系实际思考问题。

三、综合实践

1. 利用 3D One 制作音符侧面

建模步骤：

① 辅助几何体绘制。

② 在辅助几何体上使用"矩形"命令，侧面绘制手机面辅助矩形。

③ 绘制手机架的两个圆脚，完成音符主体部分绘制。

④ 修剪多余曲线，使草图密封。

⑤ 拉伸手机架侧面实体。

⑥ 运用"镜像"使侧面对称。

2. 利用 3D One 制作手机架底托

建模步骤：

① 单击选择"参考几何体"工具，在手机架侧面内侧绘制底座草图，鼠标单击手机架侧面线条形成新的线条，蓝色线条为选中的线条。

② 使用"直线"工具，绘制底座其他部分。

③ 修剪多余曲线，使草图密封。

④ 拉伸手机架底座，采用的是"拉伸"命令。

⑤ 重复步骤①至④，完成手机架底座后半部分的制作，完成后删除辅助几何体。

3. 利用 3D One 制作手机角度调节孔

建模步骤：

① 在手机架侧面画圆，使用的命令是"圆形"命令。

② 单击选择"拉伸"工具,反向拉伸圆形,形成贯穿手机架的圆柱体。

③ 阵列圆柱,使用"基本编辑"中阵列命令,注意参数选择"线性"。

④ 组合手机架。

⑤ 打孔操作。

⑥ 将文件另存为 STL 格式,打印音符手机架,为了环保,调节角度的圆柱可以使用 3 mm 的笔芯代替。

四、触类旁通

① 观察一下生活中的各种手机架、iPad 架和笔记本电脑架,总结它们的特点并说说这些设计中优秀和不足的地方。

② 师:通过这堂课的学习,你都学会了什么? 能讲给你的小伙伴听吗?

课例 7　公交卡套制作

◎　**教学内容分析**

通过前几课的学习,学生已初步掌握 3D 打印的流程和 3D One 软件操作的技巧,在此基础上本课内容分为两个部分:公交卡套的建模、公交卡套的 3D 打印。

◎　**教学目标**

① 巩固绘制草图的操作。

② 巩固"预制文字"。

◎　**教学重点和难点**

学会公交卡套的建模部分;熟练运用图片绘制草图。

◎　**教学过程**

一、课程导入

师:教师节,旨在肯定教师为教育事业所做的贡献。老师辛勤付出,关爱每一位同学。在教师节这一天,同学们也会用各种形式,感恩老师们的付出。

"公交一卡通"是我们生活中不可缺少的一个物件,今天我们将两者结合,使用 3D 打印技术制作个性化的感恩教师公交卡套吧。

二、探索新知

① 提问：公交卡的长、宽、厚是多少？

长度 85 mm、宽度 54 mm、厚度 1 mm。

② 提问：公交卡套内尺寸与公交卡是否一致？为什么？

卡套内尺寸与公交卡有较大出入，长、宽、厚分别为 87. 5 mm、57 mm、3 mm。之所以有比较大的出入，是因为卡套的内尺寸比较小，需要考虑打印机的精度和打印支撑去除的残留。

③ 卡套尺寸应该设置为多少比较合适？

打印厚度为 2. 5 mm，因此，长度为 87. 5 + 2. 5 = 90 mm（一边为开口），宽度为 57 + 2. 5 × 2 = 62 mm，厚度为 3 mm + 2. 5 × 2 = 8 mm。

三、综合实践

1. 利用 3D One 软件制作公交卡套

建模步骤：

① 卡套外壳采用六面体制作，使用"六面体"绘制立方体，并使用"圆角"命令进行圆角操作。

② 使用"抽壳"命令，对实体进行抽壳操作，开放面为左侧面。

③ 去除用于填充图案的中间空位。

④ 3D One 软件可以导入图片，然后自动提取颜色比较单一的图片外轮廓作为曲线。使用图片的优势在于可以快速引入复杂曲线，前提条件是图面颜色比较单一，否则会有大量的处理杂乱线条的工作。

⑤ 使用"拉伸"命令，将心形拉伸。

2. "9. 10"文字的设计

建模步骤：

① 使用"预制文字"命令，在卡套上面分别书写"9""1""0"文字。

② 使用"圆形"操作，完成"9. 10"中". "部分。

③ 使用"拉伸"完成"9. 10"草图的拉伸工作。

3. 利用 3D One 制作钥匙环

建模步骤：

使用"圆形"命令，在基本面上画同心圆，然后进行正向拉伸。另一面的钥匙环，可以使用"参考几何体"，在卡壳上面"参考绘制"出同心圆，然后使用"拉伸"进行反向拉伸。

4. 组合卡套和心形图案

建模步骤：

① 选择"组合编辑"命令，完成卡套和心形的组合。

② 保存为 Z1 格式和 STL 格式两个文件。

四、触类旁通

① 提问：本作品中心形和文字图案不够立体，怎么增加图案和文字的立体感？

② 师：通过这堂课的学习，你都学会了什么？能讲给你的小伙伴听吗？

课例 8   笔筒制作

◎　**教学内容分析**

通过此节课学习，学生需进一步掌握 3D 打印的流程和 3D One 软件操作的技巧，在此基础上本课内容分为两个部分：笔筒的建模、笔筒的 3D 打印。

◎　**教学目标**

① 认识"基本实体"。

② 了解"拉伸"，学会颜色渲染。

◎　**教学重点和难点**

学会笔筒的建模和颜色渲染的使用。

◎　**教学过程**

一、课程导入

师：在我们的书房里，书桌上除了台灯，还有笔筒等学习用品，在这一节课的内容里，让我们继续一展身手，设计出一个漂亮美观的笔筒。作为储存文具的笔筒，具有收纳的功能，我们在设计容器类作品时，可以先设计一个三维实体，然后选择"平面绘制草图"，用拉伸的方法，设计出具体、有特色的作品。

二、探索新知

① 笔筒需要多大的尺寸？

② 拉伸与抽壳有什么区别？

三、利用 3D One 制作笔筒

① 选择"圆柱"工具，选择网格面作为放置面，并设置圆柱大小。

② 选择"抽壳"工具进行抽壳工作。

③ 选择"椭圆"工具，点击"前视图"。放置中心选择圆柱体表面中心，并设置椭圆大小。

④ 选择"减运算"，基体选择圆柱体，合并体选择所有的椭圆。

⑤ 选择"扭曲"工具，进行扭曲操作。

⑥ 选取"颜色"工具，选择喜欢的颜色进行渲染。

⑦ 保存为 Z1 格式和 STL 格式两个文件。

四、触类旁通

① 观察一下生活中的各种笔筒，总结它们的特点并说说这些设计中优秀和不足的地方。

② 师：通过这堂课的学习，你都学会了什么？能讲给你的小伙伴听吗？

课例 9 油纸伞制作

◎ **教学内容分析**

通过此节课学习，学生需进一步掌握 3D 打印的流程和 3D One 软件操作的技巧，在此基础上本课内容分为两个部分：油纸伞的建模、油纸伞的 3D 打印。

◎ **教学目标**

① 了解"草图绘制、拉伸、扫掠、组合编辑"等工具的使用。

② 掌握"旋转"工具的使用，认识到旋转是三维设计造型的常用方法之一。

③ 掌握"阵列"工具的使用，体会"线性阵列"与"圆形阵列"的使用技巧。

④ 掌握"抽壳"工具的使用，并体会其使用技巧。

◎ **教学重点和难点**

学会油纸伞的建模;学会"扫掠、组合编辑"等工具的使用。

◎ **教学过程**

一、课程导入

① 伞的主体结构分为伞柄、伞骨、伞面三部分。

② 伞柄是伞的主心骨,支撑着整个伞,主要是用木头、竹子、金属、塑料等材料制成。

③ 伞骨是支撑整个伞面的,作用是折叠、收合,使伞便于携带。

④ 伞面担负着遮雨的责任,可以用塑料布、油布、绸布、尼龙布等,现在最常用的伞布是碰击布。

二、探索新知

① 油纸伞的制作技巧:

可以通过"旋转"得到伞柄本体、伞面,通过运用"草图拉伸""阵列"得到伞骨。这里需要注意的是伞面也是有厚度的,只是伞面很薄。另外,上下折叠的伞骨要正好嵌在中心。这也是制作的难点。

② 油纸伞是如何组成的?

③ 油纸伞应该做多大尺寸?

三、综合实践

1. 利用 3D One 制作油纸伞伞柄

建模步骤:

① 选择"矩形"工具,绘制草图。

② 选择"旋转"工具,旋转轴选择为"Y 轴"。

③ 选择"圆柱"工具绘制圆柱体。

④ 选择"圆锥体"工具绘制圆锥体。

⑤ 选择"圆角"工具进行倒圆角,完成伞柄整体的绘制。

2. 利用 3D One 制作油纸伞伞骨

建模步骤:

① 选取"直线"工具,在原始网格面上绘制直线。

② 选择"圆形"工具,将鼠标移到直线位置,并在原点位置绘制半径为 1 个

单位的圆形。

③ 选择"扫掠"，轮廓选择"圆形"，路径选择"直线"。

④ 选择"圆角"工具，将伞骨的边倒圆角。

⑤ 选择"多段线"工具，在原始网格面绘制伞骨。

⑥ 选择"旋转"工具，中心轴选择为"Y 轴"。

⑦ 选择"拉伸"工具进行伞骨拉伸。

⑧ 选择"阵列"工具，做出 8 个伞骨。

3. 利用 3D One 制作油纸伞伞面

建模步骤：

① 选择"旋转"工具，轮廓选择直线，中心轴选择"Y 轴"。

② 选择"抽壳"命令，对伞面进行抽壳。

③ 单击"确定"后，完成伞面的整体绘制选。

四、触类旁通

① 观察一下生活中用到的伞，总结它们的特点并说说和我们的油纸伞有什么不同，以及每种伞的优点和缺点。

② 师：通过这堂课的学习，你都学会了什么？能讲给你的小伙伴听吗？

课例 10　汉诺塔制作

◎　**教学内容分析**

通过前三个单元的学习，学生已经基本掌握 3D One 软件的操作技巧和 3D 打印的流程，本单元将增加建模过程中的难度，并学习进阶的软件应用。本节课内容分为两个部分：汉诺塔的建模、汉诺塔的 3D 打印。

◎　**教学目标**

① 学会草图轮廓的绘制。

② 能够使用草图轮廓创建三维实体。

③ 学会使用"倒角"命令对实体进行优化。

④ 学会使用"拉伸""布尔加法运算"及"缩放"命令。

◎ **教学重点和难点**

学会汉诺塔的建模部分,能使用"拉伸""布尔加法运算"及"缩放"命令。

◎ **教学过程**

一、课程导入

师:同学们,汉诺塔是我们小时候玩得乐此不疲的益智玩具,使用汉诺塔能够锻炼我们的大脑,发展我们的思维。

二、探索新知

① 汉诺塔是怎么玩的?

② 汉诺塔锻炼的是哪方面的能力?

三、综合实践

1. 利用 3D One 制作汉诺塔底座

建模步骤:

① 绘制底板,选择"圆"命令。

② 绘制出草图轮廓,两个圆的圆心均在另一个圆的圆周上。

③ 使用"圆形阵列"命令,得到三个间距角度相等的圆。

④ 使用"修剪"命令,将多余的线裁剪掉。

⑤ 以(0,0)为圆心做圆,并且对草图轮廓三个尖角位置进行倒圆角。

⑥ 完成草图轮廓,使用"拉伸"命令对草图轮廓进行拉伸。

⑦ 绘制支架,选择"圆"命令,绘制平面。

⑧ 使用"圆形阵列"命令,得到三个大小相等的圆。

⑨ 完成草图轮廓,使用"拉伸"命令对草图轮廓进行拉伸。

⑩ 对完成的造型进行美化倒圆。

2. 利用 3D One 制作汉诺塔圆环

建模步骤:

① 在网格面上,草图绘制汉诺塔环。

② 完成草图轮廓,使用"拉伸"命令拉伸草图轮廓,得到造型后使用"圆角"命令对汉诺塔环每条边进行美化。

③ 因为汉诺塔一共有七个环,并且外形相似,只是尺寸大小有不同,所以可以将"阵列"命令和"缩放"命令结合使用得到所有汉诺塔环的造型。使用"阵

列"命令,选择"线性阵列",在垂直汉诺塔环的方向上阵列七个相同的汉诺塔环。

④ 使用"缩放"命令对阵列出来的六个汉诺塔环进行修整。

3. 利用 3D One 制作汉诺塔整体

建模步骤:

① 使用"对齐"命令将汉诺塔底座与汉诺塔环摆正位置。

② 选择"对齐"命令,将汉诺塔环与汉诺塔底座表面进行重合。

③ 再将汉诺塔环与支架同心对齐。

④ 将剩下六个汉诺塔环按照以上步骤进行叠放。

⑤ 保存为 Z1 格式和 STL 格式两个文件。

四、触类旁通

① 师:同学们想一想,小时候你们还玩过哪些玩具,能不能使用刚才学会的方法和技术,把它设计出来呢?

② 师:通过这堂课的学习,你都学会了什么? 能讲给你的小伙伴听吗?

课例 11　金字塔制作

◎　**教学内容分析**

通过前面的学习,学生已经基本掌握 3D One 软件的操作技巧和 3D 打印的流程,本节课教学进阶的软件应用,内容分为两个部分: 金字塔的建模、金字塔的 3D 打印。

◎　**教学目标**

① 学会灵活应用"镜像"。

② 学会运用"矩阵""缩放"等技术完成作品。

◎　**教学重点和难点**

① 教学重点:金字塔的建模部分。

② 教学难点:金字塔的比例及特点。

◎ **教学过程**

一、课程导入

① 世界七大奇观有哪些?

埃及胡夫金字塔、巴比伦空中花园、阿尔忒弥斯神庙、奥林匹亚宙斯神像、摩索拉斯陵墓、罗德岛太阳神巨像和亚历山大灯塔。

② 埃及的金字塔始建于 4 500 年前,是古埃及法老(即国王)和王后的陵墓。陵墓是用巨大石块修砌成的方锥形建筑,因形似汉字"金"字,故译作"金字塔"。

二、探索新知

师:玛雅文化是世界重要的古文化之一,是美洲非常重要的古典文化。玛雅金字塔是玛雅文明的象征,堪与埃及金字塔媲美。本节课我们将综合"镜像、矩阵、缩放"技术完成一个小的玛雅金字塔。

三、综合实践

1. 利用 3D One 制作金字塔塔基

建模步骤:

① 使用"六面体"绘制六面体。

② 二到九级塔级由第一级塔级镜像而成,在高度不变的同时,长和宽分别为第一级的 90%、80%、70%……

2. 利用 3D One 制作金字塔塔顶

建模步骤:

① 三级塔顶,仍然通过"六面体"命令完成。

② 选择"组合编辑"命令,进行塔级和塔顶组合。

③ 使用"抽壳"将组合体进行抽壳操作,方面为底面。

3. 利用 3D One 制作金字塔梯子

建模步骤:

① 根据遗迹图片推测比例,用"辅助几何体"进行还原。

② 使用"组合编辑"将塔主体、塔顶、四个梯子进行组合。

③ 保存为 Z1 格式和 STL 格式两个文件。

四、触类旁通

① 师:本作品中主体有一个比较大的空间,能不能开动脑筋添加些实用功能,使之物尽其用?

② 师：通过这堂课的学习，你都学会了什么？ 能讲给你的小伙伴听吗？

课例 12　南瓜灯制作

◎　**教学内容分析**

本节课学习进阶的软件应用，内容分为两个部分：南瓜灯的建模、南瓜灯的 3D 打印。

◎　**教学目标**

① 学会灵活应用"放样"。

② 学会运用"圆柱折弯"技术完成作品。

◎　**教学重点和难点**

① 教学重点：南瓜灯的建模部分。

② 教学难点："放样"及"圆柱折弯"命令的使用。

◎　**教学过程**

一、课程导入

教师介绍南瓜灯，展示创意南瓜灯（可图片展示，也可实物展示）。

二、探索新知

① 南瓜灯有什么特点？

② 如何制作南瓜灯才可以将蜡烛放在里面？

三、综合实践

1. 利用 3D One 制作南瓜灯主体

建模步骤：

① 使用"正多边形"命令，绘制边六边形。

② 使用"圆弧"命令，以矩形相邻两顶点为端点，画圆弧。

③ 使用"阵列"命令，采用"圆形阵列"方式，阵列步骤②绘制的圆弧。

④ 使用"单击修剪"命令去除正六边形的线，然后使用"链状倒角"命令对相邻的两条弧度边进行圆角处理。

⑤ 使用"移动"命令,动态移动操作。

⑥ 重复步骤①至④,完成相似的图形绘制。

⑦ 使用"镜像"操作,镜像实体选择上侧的小弧形体,方式为"平面镜像",平面为基本面上的大弧形体,完成另一侧小弧形体的绘制。

⑧ 使用"放样"操作,完成南瓜灯的放样。

⑨ 使用"抽壳"命令,对南瓜体进行"－2 mm"的抽壳。

2. 利用 3D One 制作南瓜灯表情

建模步骤:

① 南瓜灯的五官表情最好左右对称,为此可以采用先画一侧面部,镜像另一侧的方式完成五官的绘制。

② 在辅助几何体的侧面,使用"直线""圆弧"等命令完成右侧表情的绘制。

③ 使用"镜像"命令,依据右侧表情,镜像出左侧表情。

④ 删除参考几何体后,使用"拉伸"命令,对表情草图进行拉伸。

3. 利用 3DOne 制作南瓜柄

建模步骤:

① 使用"圆弧"命令,在南瓜顶上绘制圆。

② 使用"拉伸"命令,拉伸出圆柱体。

③ 在南瓜右侧,使用"六面体"建立辅助几何体,使用"圆柱折弯"命令对南瓜饼进行折弯。

④ 使用"自动吸附"命令,吸附南瓜主体与南瓜柄。

⑤ 使用"组合编辑"中"加运算",合并南瓜主体与南瓜柄。

⑥ 保存为 Z1 格式和 STL 格式两个文件。

四、触类旁通

① 师:南瓜灯中有一个比较大的空间,能不能开动脑筋添加些实用功能?

② 师:通过这堂课的学习,你都学会了什么?

课例 13　鲜花制作

◎　教学内容分析

本节课学习进阶的软件应用,内容分为两个部分:鲜花的建模、鲜花的 3D

打印。

◎　**教学目标**

　　① 学会灵活应用"实体分割"。

　　② 学会运用"旋转""扫掠"与"圆柱折弯"技术完成作品。

◎　**教学重点和难点**

　　① 教学重点：鲜花花蕊、叶子的建模部分。

　　② 教学难点："实体分割"及"扫掠"的使用。

◎　**教学过程**

　　一、课程导入

　　师：同学们在想送女性长辈三八妇女节礼物时常会感到烦恼，既想要有创意，又想要表达自己的感激之情。只要学好了今天的内容——3D 鲜花制作，你就不会烦恼了。

　　二、探索新知

　　① 你想把鲜花送给谁？为什么？

　　② 鲜花花瓣都是什么几何形状的？

　　三、综合实践

　　1. 利用 3D One 制作花朵

　　建模步骤：

　　① 使用"椭球体"命令，绘制椭球体。

　　② 使用"抽壳"命令，对椭球体进行抽壳操作。

　　③ 以基本面的中心线为一边，绘制辅助矩形，，然后使用"拉伸"命令，对矩形拉伸，形成辅助几何体。

　　④ 在辅助几何体的前侧面，使用"参考几何体"命令，绘制出中心线，然后使用"通过点绘制曲线"命令绘制花瓣一侧的曲线。

　　⑤ 使用"镜像"命令，镜像出另一侧的花瓣曲线。

　　2. 利用 3D One 制作花蕊

　　建模步骤：

① 使用"矩形"命令,绘制辅助矩形,并使用"拉伸"命令,对矩形进行拉伸,形成辅助几何体。

② 在辅助几何体的前面,使用"直线""圆弧"等命令,完成一半花蕊草图,然后使用"旋转"命令,旋转出花蕊体。

3. 利用 3D One 制作花茎

建模步骤:

① 在辅助几何体的前面,使用"通过点绘制曲线"命令,绘制花茎的走向。

② 以花茎的走向任意位置为圆心,使用"圆弧"命令,绘制圆,然后使用"扫掠"命令,扫掠出花茎。

4. 利用 3D One 制作叶子

建模步骤:

① 使用"圆弧"命令,绘制叶子的轮廓,使用"特征造型"中"拉伸"命令,拉伸出厚度为 2.5 mm 的叶子体。

② 使用"圆柱折弯"命令,将叶子折弯出 600 单位的角度。

③ 使用"移动"的动态移动命令,移动叶子到合适位置,同时使用"镜像"命令,完成另一片叶子的制作。

④ 使用"组合编辑"命令组合所有实体,完成本模型的制作。

⑤ 保存为 Z1 格式和 STL 格式两个文件。

四、触类旁通

① 师:本作品中花瓣上可以添加什么内容?

② 师:通过这堂课的学习,你都学会了什么? 能讲给你的小伙伴听吗?

课例 14　创意夜灯制作

◎ **教学内容分析**

本单元帮助学生将熟练运用的 3D 建模技巧与现实生活相结合,并与电子元器件和传感器结合,制作可实现不同功能的小物品。本课内容主要分为四个部分:认识电子元器件,进行创意夜灯的建模,进行创意夜灯的打印,元器件与3D 打印相结合。

◎　**教学目标**

① 认识电子元器件。

② 了解夜灯建模方法。

◎　**教学重点和难点**

① 教学重点：认识电子元器件。

② 教学难点：创意夜灯的建模。

◎　**教学过程**

一、课程导入

师：漆黑的夜晚,有一盏自己亲手制作的漂亮夜灯来照明,是不是一件很酷的事？本节课让我们用 3D 打印和电子元器件制作一个真正可以点亮的浮雕夜灯吧。

二、探索新知

① 认识电子元器件：LED 灯、杜邦线、供电设备。

② 电子元器件与模型组合的小技巧：精确测量好各电子元器件的尺寸(建议用游标卡尺)；作图前预留空间并考虑走线位置区域；在预留空间的基础上建造 3D 模型。

三、综合实践

1. 利用 3D One 制作小夜灯灯体

建模步骤：

① 使用"直线弧"命令,绘制图形。

② 使用"旋转"命令,对图形进行旋转操作,使用"抽壳"命令,对造型进行抽壳操作。

③ 使用"参考几何体""偏移曲线""拉伸"等命令进行浮雕面卡槽的制作。

④ 使用"圆形""拉伸"进行小夜灯孔位的制作。

⑤ 使用"参考几何体""拉伸""浮雕"进行浮雕灯面的制作。

2. 利用 3D One 制作小夜灯灯座

建模步骤：

① 使"矩形""拉伸""旋转""抽壳"进行底座的制作。

② 将灯体、灯面、底座存储为独立的 STL 文件,并分别打印。

3. 组装

将打印好的零件装配好,添加上灯芯组件,一个浮雕夜灯就制作完成了。

四、触类旁通

① 观察一下生活中的各种夜灯,总结它们的特点并说说这些设计中优秀和不足的地方。

② 师:通过这堂课的学习,你都学会了什么? 能讲给你的小伙伴听吗?

课例 15　创意风扇制作

◎　**教学内容分析**

本课主要分为四个部分:认识电子元器件,进行创意风扇的建模,进行创意风扇的打印,元器件与 3D 打印相结合。

◎　**教学目标**

① 认识电子元器件。

② 了解风扇建模方法。

◎　**教学重点和难点**

认识电子元器件、创意风扇的建模。

◎　**教学过程**

一、课程导入

师:炎热的夏天,有一个自己亲手制作的风扇给自己吹风,是不是一件很酷的事? 这节课让我们用 3D 打印和电子元器件制作一个可以吹风的风扇吧。

二、探索新知

① 认识电子元器件:电机、开关、杜邦线、供电设备、电子元器件。了解模型组合的小技巧。

② 精确测量好各电子元器件的尺寸(建议用游标卡尺)。

③ 作图前预留空间并考虑走线位置区域。

④ 在预留空间的基础上建造 3D 模型。

三、综合实践

1. 利用 3D One 制作风扇主体

建模步骤：

① 使用"圆形""拉伸""抽壳"进行风扇罩的制作。

② 使用"六面体""抽壳""圆形""拉伸"进行电机和开关保护套的制作。

③ 用"六面体""抽壳"进行电池保护套的制作。

④ 使用"矩形""拉伸"进行开关孔位的制作。

2. 利用 3D One 制作扇叶

建模步骤：

① 使用"圆形"命令，绘制同心圆，并使用"拉伸"命令，将同心圆拉伸为圆柱体。

② 使用"直线"等命令，在圆柱体侧面绘制有一定角度的平行四边形，同时使用"拉伸"命令进行拉伸，然后再通过"阵列"命令，阵列出三片风扇叶。

③ 使用"组合编辑"将上述零件组合为风扇叶和风扇主体两部分。

④ 多次综合使用"圆形"命令与使用"拉伸"的"减运算"，去除电机轴孔位和电线走线孔。

3. 打印与组装

将风扇主体和扇叶分别打印之后，进入电路连接环节，要点是电池盒正极串联开关，然后经过电机回到电池盒负极，快装上电池试试风扇是否凉爽吧。

四、触类旁通

① 观察一下生活中的各种风扇，总结它们的特点并说说这些设计中优秀和不足的地方。

② 师：通过这堂课的学习，你都学会了什么？能讲给你的小伙伴听吗？

课例 16 3D 打印艺术进阶

◎ **教学内容分析**

通过一学期的学习，我们掌握了 3D 打印机的使用、三维软件的使用，培养了建模思路,这些只能作为最基础的入门学习。在基础之上我们更应该从生活场景中发现问题并运用学过的知识找到解决的思路,要将我们的创新与艺术结合,做出的作品不仅要实用还要美观。

◎　**教学目标**

① 学生能够通过描述、分析、解释、评价等方法欣赏 3D 作品。

② 学生在欣赏作品过程中,提升自己的审美能力、思考能力以及语言表达能力。

③ 学生在欣赏过程中了解作品的产生背景,了解制作者的创作思维。

◎　**教学重点和难点**

① 学会作品欣赏,了解制作者对作品美化的方式。

② 落实自己的想法和创意。

◎　**教学过程**

一、课程导入

3D 作品结构的美观性:

① 作品比例恰当。

② 圆角和倒角的处理。

二、探索新知

1. 三维设计作品后期处理

(1) 软件本身的颜色和材质渲染

(2) KeyShot 专业化渲染

(3) Photoshop 等美图软件的后期处理

2. 实际模型的上色与摄影

(1) 使用丙烯颜料对模型上色

(2) 摄影让模型活起来

3. 产品功能的人性化

制作的作品要考虑普通用户的使用习惯。创意产品很重要,但不要挑战人的传统感官影响。

4. 分组讨论

对生活中不合理的设计探索出优化方案，梳理建模思路。

三、综合实践

根据设计的建模方案制作模型。

四、触类旁通

① 思考制作出的作品有哪些不足。

② 分组讨论：怎么样可以让自己的作品更适合于生活？

（本章执笔：赵佳）

第四章
学习设计：STEAM 课程的姿态

随着智能时代的到来，世界各国都将培养科技创新人才纳入国家的核心战略。近年来，随着基础教育新课程改革的不断深入实施，我国中小学创客机器人教育也有了较快发展，并成为中小学综合实践课程和技术课程的载体，其教育价值已获得社会认可。创客机器人集创新教育、体验教育、项目学习等思想为一体，契合学生富有好奇心和创造力的天性，培养学生的想象力、创造力及解决问题的能力。

课程纲要　智能创客机器人

创客机器人科目将创客活动与创客教育相结合,在学习中提倡 STEAM 跨学科技术的综合应用,采用项目学习的方式,在活动中发现学生的兴趣和潜力并加以培养。创客机器人的学习和制作过程是一个综合实践的过程,学生将进行自主探索、动手实践。在实践活动中,学生解决问题,自觉地学习、获取新知识,从而培养创新能力、团队协作能力、沟通能力、充分表达思想的能力等。

一、课程背景

2017 年 7 月 8 日,国务院印发《新一代人工智能发展规划》,该规划提出要在中小学阶段设置人工智能相关课程,推动人工智能领域一级学科建设,把高端人才队伍建设作为人工智能发展的重中之重,完善人工智能教育体系等内容。

依据《嘉定区教育综合改革方案(2015—2020)》《嘉定区城乡义务教育一体化工作实施方案》,紧紧围绕嘉定区科技创新战略的三年行动计划和嘉定区"品质教育"这一核心理念,我校创客机器人(二级)课程面向全体学生,根据学生的不同需求,多层次、模块化设计课程,充分满足学生个性化学习的需求。本课程的开展是为了在学习中提倡 STEAM 跨学科技术的综合应用,培养学生的STEAM 素养,帮助学生在无序的学习情境中获得设计能力,发现多个可能的解决方案,使学生学会自觉地学习并获取新知识,从而提高学生的实践创新能力、动手能力、团队协作能力、问题解决能力。让学生在学习、解决问题的过程中成为主导角色,这有助于老师在项目活动中发现学生的兴趣和潜力,并进一步加以培养。

二、课程目标

① 知识目标:学生掌握机器人硬件结构、软件工程及其功能与应用等方面

的基本知识。

② 能力目标：学生学会拼装搭建多种具有实用功能的机器人，初步掌握机器人程序设计与编写，以及机器人使用中的维护工作，并能有新的创意。

③ 情感目标：培养学生对人工智能技术的兴趣，真正认识到智能机器人对社会进步与经济发展的作用；充分体会学习的乐趣并成为整个学习过程中的主导角色。

三、课程内容

本课程主要涉及的教学项目有机械结构、电子电路、软件编程、物联网、机器人等智能项目，共分三大模块：工具使用（玩转结构）、机械结构与电子电路、认识 iBlockly 积木编程及应用。

模块 1：工具使用（玩转结构）

本模块的主要目标是：通过几个简单结构的模型装配来熟练使用螺丝、螺母、螺丝刀、扳手等常用工具，为以后的课程打基础。通过制作基础结构，体会创客的创作模式。

模块 2：机械结构与电子电路

本模块的主要目标是：熟练应用结构搭建、掌握机械原理、了解中控板的作用（中控板类似于人类的大脑）。激发学习动机，培养探究能力。

模块 3：认识 iBlockly 积木编程及应用

本模块的主要目标是：掌握 iBlockly 简单的积木编程。通过拼图、迷宫等游戏掌握简单的积木编程。通过操控实物车辆，培养对于编程的兴趣。掌握编程控制车辆的方法，依此设计创造并进行制作，培养运用所学知识解决实际问题的能力。

课程结构图

四、课程实施

学生通过对创客机器人（二级）课程的学习，能加深对 STEAM 创客课程的理解,在实践过程中将 STEAM 创客课程理论与国际一流的机械、电子、软件智能化系统相结合,基本可以学会智能工业体系中所涉及的跨学科技术知识,并通过创新作品,将自己的创意和想法最大限度地实现。

创客机器人(二级)课程主要有三个模块,分两个阶段学习任务,即分两个学期实施,从六年级上学期到六年级下学期,每学期 15 个课次、30 课时(2 课时/每次)学习,两个学期总共 60 个课时完成。本课程以 20 人兴趣小班为班级单位展开实施,每学员配置 1 套创客教育机器人套装,每班配备 1—2 位指导老师。学员由学生自己申请与老师考核相结合产生。课程的具体实施方法有三种。

(一) 情景问题

设定一个真实的生活或学习情景,然后由这个情景生成一个主题活动任务,学生通过老师现场指导、观看教学视频、理解课本重点知识等形式进行学习。学生在经过思考、讨论、交流后提出最佳的任务解决方案,根据解决方案来选取相关的配件,设计搭建机器人创意作品,并编写出解决方案的程序。让学生在具体的情景中发现问题、解决问题。

(二) 项目设计

围绕主题活动任务呈现相关的项目设计。每个学员都有明确的任务:任务设计、创意搭建、编程调试。项目设计要有主题,目的要明确,过程要完整,步骤要清晰,呈现的问题要符合初中学生的认知结构、情感态度和价值观的一般水平。

(三) 思考交流

围绕主题设置 2—3 个问题,一般设置为拓展性的问题,让学生动脑动手完成。

五、课程评价

创客机器人(二级)课程在每次项目结束后进行一次评价。本课程以学生学习过程评价为主,以成果评价为辅,形成教师、学生、家长等多主体共同参与、交互作用的联合体,评价教学目标是否落实到位。

具体评价体系分为：展示性评价、过程性评价、评选性评价。

（一）展示性评价

学生完成每个主题任务作品之后，由创作成员在班级里进行作品展示，其他同学对作品进行评价。对优秀的创意作品，让全班同学进行观摩学习，以提高全体同学的创客能力。

展示性评价主要评价的方面有：

① 创意作品机械电子结构是否符合 STEAM 设计理念，其技术规范是否符合工程、技术科学原理及规律。

② 作品设计创意性、涉及跨学科知识内容丰富性、编程合理性、制作难度及实用性等方面表现情况。

③ 作品设计是否巧妙、精致、美观，以及材料的利用率是否高。

④ 成果展示介绍方式是否多样，如作品现场操作演示、演讲 PPT、微视频、作品文案描述等。

作品评价方法采取自评、同学互评、教师点评的方式，等级采用 A、B、C、D 四个等级，A 代表非常好、B 代表很好、C 代表较好、D 代表一般。

（二）过程性评价

过程性评价是评价学生在创客机器人（二级）课程学习过程中，其学习能力、探究能力、创意想象能力和解决实际问题的能力在各学习环节中的体现。评价方式采用学生自评、小组互评、教师评价的多维评价方式，给出定量评价，在评价表中以分数来体现。

过程性评价具体考查方面如下：

① 联系思维：能否运用已有的知识和生活经验来分析主题活动任务。

② 建构技能：连接机械结构、电子模块的速度，编程的速度与准确度，搭建造型模块的巧妙程度。

③ 创新能力：连接机械结构、电子模块的方式，编程的改建，以及搭建作品的新颖程度，是否敢于突破局限和传统。

④ 观察反思：项目制作中对事物观察的仔细程度及是否详实记录、分析尝试过程和任务完成的情况。

创客机器人(二级)课程过程性评价标准表

评价项目	评价内容	备注
过程性评价 (教师)	联系思维创意□优□良□一般	
	建构能力□优□良□一般	
	创新能力□优□良□一般	
	观察反思□优□良□一般	
小组评价	同学对你的成绩满意度？□非常满意□满意□一般	
	同学合作愉快吗？□非常愉快□愉快□一般	
	同学对你的表现最满意的地方在哪里？	
自我评价	你对自己的成绩满意吗？□非常满意□满意□一般	
	最让你感兴趣的地方在哪里？	
	你感觉哪个地方还需要完善和改进？	

(三) 评选性评价

综合学习结束时,对于参与课程的学生,任课教师会根据不同的评价点,鼓励性地选出一些个人和小组集体进行表彰,具体奖项有：最佳创意奖、最佳合作奖、最佳进步奖。

课程图谱　创意发挥和交互竞技

创客机器人(二级)课程与 STEAM 教育理论一脉相承,课程涉及科学(Science)、技术(Technology)、工程(Engineering)、艺术(Arts)、数学(Mathematics)等跨学科内容。创客教育不同于传统文化课的教学方式,传统文化课多是以老师为中心的教学,创客教育则是一门跨学科,以学生为中心,以项目为内容,培养学生动手实践、科学探究、创新创造能力的综合性活动课程,是响应国家提出培养创新型国家人才的。对于学生来说这个学习过程是很快乐的,他们会玩得很开心,青少年培育这种兴趣爱好是非常有益的,甚至对其人

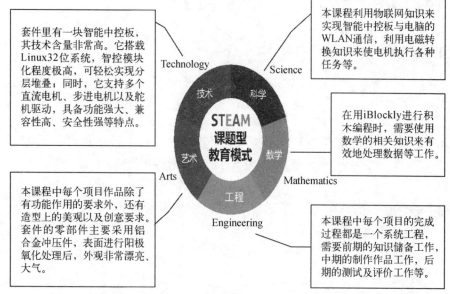

套件里有一块智能中控板，其技术含量非常高。它搭载 Linux32 位系统，智控模块化程度极高，可轻松实现分层堆叠；同时，它支持多个直流电机、步进电机以及舵机驱动，具备功能强大、兼容性高、安全性强等特点。

本课程利用物联网知识来实现智能中控板与电脑的 WLAN 通信，利用电磁转换知识来使电机执行各种任务等。

在用 iBlockly 进行积木编程时，需要使用数学的相关知识来有效地处理数据等工作。

本课程中每个项目作品除了有功能作用的要求外，还有造型上的美观以及创意要求。套件的零部件主要采用铝合金冲压件，表面进行阳极氧化处理后，外观非常漂亮、大气。

本课程中每个项目的完成过程都是一个系统工程，需要前期的知识储备工作，中期的制作作品工作，后期的测试及评价工作等。

创客机器人（二级）课程 STEAM 元素结构图

生志向都将产生重大影响。

S：科学，课程中运用物理学、机械学、电子学科等学科知识。

T：技术，课程涉及互联网、物联网、机械电子等技术应用。

E：工程，课程中运用机械结构、电子工程、计算机技术等系统工程。

A：艺术，创意作品需要将美观性与实用性相结合。

M：数学，创客作品智能编程运用数学逻辑有效处理数据等。

学习手册　创新能力和团队协作

本课程所有课例教学准备为电子白板、电脑投影仪、教学课件（PPT）、二级套件。学生在完成作品后开展创意竞赛，赛后交流分享自己作品的优劣并改进作品。教师最后总结、评价：点评课堂现象，回顾本次课程的知识重点；引导学生收检教具，各器材部件放入指定位置，培养学生分类排序的能力，养成其整理教具的良好习惯;按要求对每个学生的作品进行评价。

课例 1   创客套件材料说明

◎   **教学目标**

① 了解套件里的全部零件的名称及用途。

② 利用套件里的相关工具安装固定部件,能够直观地学习工具的使用。

③ 体验动手创作的乐趣,并能用创客的思维看待各种创客作品。

◎   **教学重点和难点**

从动轮的安装。

◎   **教学过程**

一、情景导入

1. 创客是什么

教师提问:同学们,你们有没有听说过"创客"这个词? 什么是创客?

讨论:一群人进行创新,实现创意。

结论:"创客"一词来源于英文单词"Maker",是指出于兴趣与爱好,努力把各种创意转变为现实的人。

2. 创客不是独行侠

创客的共同特质是创新、实践与分享。一个创客团队,通常会由三种人组成:创意者、设计者、实施者。

3. 你所知道的创客

乔布斯、爱迪生、爱因斯坦等。

二、提出挑战

1. 熟悉零件

教师向学生发放套件后,教师按清单展示零件,使学生熟悉零件的名称、种类等。

教师:为了方便接下来的制作,我们先来认识一下零件的名称和形状。

零件示意图

小结：梁、万向轮、螺母 M8、电机支架、传动固定盘 4 mm、同步轮、轮胎、半螺纹轴、法兰轴承、内六角螺丝刀、十字螺丝刀、螺丝 M4、无头内六角螺丝等。

2. 进行点名游戏

教师：零件认识好了，现在我们来玩一个游戏，老师随意念一个零件的名称，看谁的反应最快！

教师说出零件的名称后，学生拿起相应零件并举手示意，以此加深学生对教具部件的认知。

三、技术指导

① 摩擦力：阻碍物体相对运动（或相对运动趋势）的力叫做摩擦力。摩擦力的方向与物体相对运动（或相对运动趋势）的方向相反。摩擦力分为静摩擦力、滚动摩擦力、滑动摩擦力三种。

② 直流电机（direct current machine）是能将直流电能转换成机械能（直流电动机）或将机械能转换成直流电能（直流发电机）的旋转电机。

③ 直流电机分为两部分：定子和转子。定子包括主磁极、机座、换向级、电刷装置等。转子包括电枢铁芯、电枢绕组、换向器、轴和风扇等。

④ 有刷直流电动机工作原理：给直流电机电刷加上直流，则有电流流过线圈，在定子磁场的作用下，产生电磁力 F。两段导体受到的力形成转矩，于是转子就会逆时针转动。注意：直流电机外加的电源是直流的，但由于电刷和换向片的作用，线圈中流过的电流却是交流的，因此产生的转矩方向保持不变。

四、创意搭建

教师：我们现在搭建两组从动轮。

学生参照 PPT 进行从动轮的搭建。

五、创意竞赛

教师：同学们的从动轮制作完成了，咱们来比试比试，看哪一组的从动轮旋转起来最顺畅！

两组间进行对战：左手拿住从动轮的轴，右手用力一次滑动同步轮后，同步轮最后停止的为胜。

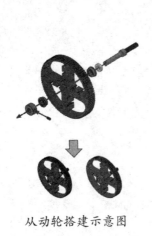

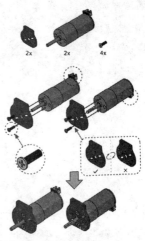

从动轮搭建示意图　　　　　电机总成搭建示意图

课例 2　天平

◎　**教学目标**

① 熟练使用套件搭建机械结构，了解等臂杠杆。

② 利用套件搭建杠杆装置，直观地学习杠杆原理。

③ 体验创造的乐趣，同时在创造中提高个人能力和团队精神。

◎　**教学重点和难点**

天平两边平衡问题。

◎　**教学过程**

一、情景导入

① 引导学生回忆杠杆分类。

② 省力杠杆举例。

③ 费力杠杆举例。

④ 等臂杠杆举例。

二、提出挑战

① 教师向学生发放套件。

② 教师向学生提出本项目的制作要求及注意事项。

③ 让学生利用手中的套件制作天平，在制作过程中使学生掌握等臂杠杆的原理。

三、技术指导

教师：在之前的课程中我们学习了杠杆，生活中最常见的等臂杠杆是什么？（跷跷板、天平）

小结：等臂杠杆是杠杆的一种，动力臂和阻力臂长度相同，既不省力也不费力，既不省距离也不费距离。常见的等臂杠杆有托盘天平、定滑轮、跷跷板等。今天我们就来制作一个天平。

四、创意搭建

学生参照视频进行天平的搭建。教师播放教学视频，在关键的地方暂停讲解，具体操作需根据实际课堂情况进行）。

（1）安装天平底座与支架

安装示意图

注：金属梁的侧边孔与亚克力板上的孔用螺丝进行连接固定。轮子上的孔与金属梁中间的孔槽用螺丝与螺母进行连接固定。

（2）安装称重台及调节平衡

注：在金属梁的侧边孔拧进一个长度适中的螺丝，可悬挂托盘。

安装示意图

五、创意竞赛

教师：天平做好了，我们怎么用它给物品测量重量呢？下面我们进行称重竞赛，看谁称的重量最精准（把所用到的测量材料介绍给学生，做一些简单的方法提示）。

测量方法如下：

用水作为砝码给小零件称重：水的密度是每毫升 1 克，所以在没有砝码的情况下，可以用水代替砝码。方法是先将量杯放在天平的左侧，在右侧配重让天平平衡，然后将被测物体放在天平右侧，此时用针管（针管可以用 1 毫升和 2.5 毫升规格的）往左侧量杯里注水，记住每次的注水量，当天平平衡时停止注水，若水加多了，可以将水吸回一些，此时计算一下一共往量杯里加了多少毫升的水。拿铝制连接片为例，大概需要注入 4.5 毫升水就可以让天平平衡，也就是说铝制连接片的重量是 4.5 克，用电子秤称重结果也是 4.5 克。

课例 3   无动力小车

◎   **教学目标**

① 熟练使用套件搭建机械结构，掌握各配件组装方法，用简单的配件制作简易的三轮车，了解牛顿第一运动定律及摩擦力的含义。

② 利用套件搭建无动力小车，掌握基本套件的搭建方法。

③ 通过制作简易装置，培养对创客课程的兴趣。

◎　**教学重点和难点**

无动力小车结构的稳定性。

◎　**教学过程**

一、情景导入

① 生活中随处可见的一种交通工具是什么？（汽车）

② 你们都见过什么样的车呢？（学生说出后可以出示各种车的图片）

③ 基本的车的结构大概是什么样的呢？（学生回答后出示基本车辆结构）

小结：讨论图片中车辆的结构、功能等让学生了解现实生活中的车辆，为后续学习作铺垫。

二、提出挑战

① 教师向学生发放套件。

② 学生用提供的零件组装简易三轮车。

③ 教师向学生提出本项目的制作要求及注意事项。

三、技术指导

1. 牛顿第一定律与惯性

任何物体都要保持匀速直线运动或静止状态，直到外力迫使它改变运动状态为止。推动小车后，或小车从斜坡滑下时，会由于惯性继续向前滑行一段距离，而小车的质量越大，惯性也越大。

2. 重力

物体由于地球的吸引而受到的力叫重力。重力的施力物体是地球。重力的方向总是竖直向下。物体受到的重力的大小跟物体的质量成正比。小车的质量越大，所受到的重力也就越大，如果从斜坡滑下，小车的质量越大，受到地球的引力也就越大，滑行就会越远。

3. 摩擦力

阻碍物体相对运动（或相对运动趋势）的力叫做摩擦力。摩擦力的方向与物体相对运动（或相对运动趋势）的方向相反。由于摩擦力的作用，小车会在运动一段时间后停下来。

四、创意搭建

1. 讲解相关工具的使用

① 内六角螺丝刀的顶端是一个六边形,而内六角螺丝的头部是一个六角形的凹槽,在使用内六角螺丝的时候,要用内六角螺丝刀垂直拧紧螺丝,套件当中有长、短两种内六角螺丝,将螺丝插进横梁圆孔时,需要用到螺母,拧紧螺母需要用到扳手。

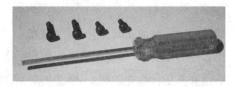

零件示意图

② L型扳手与无头螺丝(限位螺丝)的使用方法:在安装无头螺丝的时候,要先将无头螺丝套在L型扳手比较长的一端,然后顺时针方向拧进相关配件的圆孔之中。

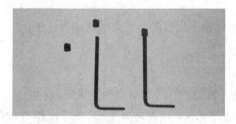

零件示意图

③ 需要使用无头螺丝的地方一共有两个,一个是联轴器,另一个是轴套。

联轴器   轴套

④ 联轴器是用来连接马达转轴的，轴环是用来连接无动力轮轴的。

⑤ 铝合金横梁有三种规格：两根长梁，一根中梁，一根短梁。每根横梁的中间都有凹槽，可以将螺丝拧进凹槽中；横梁的两端也有螺丝孔，可以将螺丝拧进去。

⑥ 让学生参考案例，知道需要用到轴套、螺纹轴、无头螺丝、L 型扳手、垫片、法兰轴承。

2. 制作无动力小车

（1）后轴（轮、8 孔梁）

示意图

（2）纵梁（9 孔梁）

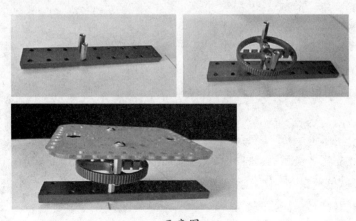

示意图

（3）后轴与纵轴连接（螺丝
M4×22 mm）再加靠背

示意图

（4）桌子（倒置）

示意图

（5）前轮（脚轮＋支架）

示意图

（6）纵梁＋桌子＋前轮（螺丝
M4×22 mm）整车倒置图

示意图

五、创意竞赛

将各位学生制作的无动力小车从一个斜坡上滑下，看谁的小车滑行距离最远（直线，不能掉零件），可以让学生不断改进车体结构，多次尝试。

六、作业布置

观察思考各类车辆（如自行车、汽车）的滑行原理，思考在当今体育运动竞赛项目中有哪些是和滑行惯性原理相通的。

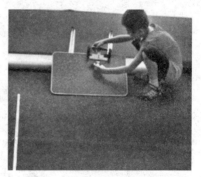

竞赛环节

课例 4 单、双臂投石车

◎ **教学目标**

① 熟练使用套件搭建机械结构，了解杠杆原理。

② 利用套件器具搭建杠杆装置，直观地学习杠杆原理。

③ 体验动手创作的乐趣，并能用创客的思维看待各种创客作品。

◎ **教学重点和难点**

安装投石臂时的平衡问题。

◎ **教学过程**

一、情景导入

教师：阿基米德曾说，给他一个支点，他可以翘起整个地球。那他到底用什么方法呢？（杠杆）

教师：古代战争时期，人们就用杠杆发明了一种武器——投石车。投石车是利用杠杆原理抛射石弹的大型人力远射兵器，它的出现是技术的进步，也是战争的需要。我国春秋时期已开始使用，隋唐时成为攻守城的重要兵器，宋代较隋唐更有进一步的发展，不仅用于攻守城，而且用于野战。古代西方投石车也是主要的进攻手段之一，波斯人、希腊人都曾经使用过它。

二、提出挑战

① 教师向学生发放套件，学生熟悉套件。

② 学生利用手中的套件制作一辆投石车，在制作过程中掌握投石车的原理。

三、技术指导

① 什么是杠杆呢？

一根硬棒在力的作用下如果能绕着固定点转动，这根硬棒就叫做杠杆。

② 谁可以用手中的零件搭建出一个简易的杠杆？（学生自己搭建）

小结：杠杆的五要素是支点、动力、阻力、动力臂（支点到动力作用点的距离）、阻力臂（支点到阻力作用点的距离）。（可在白板上画简易图进行辅助讲解）

杠杆在动力和阻力的作用下，保持静止或匀速转动状态时是平衡的。杠杆分为省力杠杆、费力杠杆、等臂杠杆。省力杠杆省力但费距离，费力杠杆费力但省距离，等臂杠杆介于两者之间。没有任何一种杠杆既省距离又省力。我们提到的投石车就是费力杠杆。

四、创意搭建

学生参照视频进行投石车的搭建。教师播放教学视频，在关键的地方暂停讲解，具体操作需根据实际课堂情况进行）

（1）安装单臂投石车底座　　　　（2）安装单臂投石支架上的轮轴

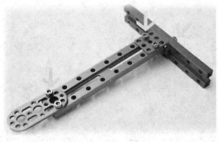 

示意图　　　　　　　　　　　　示意图

（3）单臂成品展示图　　　　　　（4）安装双臂投石车底座

示意图　　　　　　　　　　　　示意图

（5）安装双臂投石支架

示意图

（6）安装双臂投石臂

示意图

（7）双臂成品展示

示意图

五、创意竞赛

教师：同学们的投石车制作完成，咱们来比试比试看哪一组的投石车威力更大！

两组间进行攻城对战，击倒对方建筑多者为胜（建筑物用梁代替，竖着放在桌子上，参考保龄球游戏）。

课例 5　积木化编程入门

◎　**教学目标**

① 了解如何使用 iBlockly 积木模块实现编程。

② 利用 iBlockly 完成地理拼图、走出迷宫任务等，直观地学习积木程序的

顺序、循环、条件结构及其使用方法。

③ 体验编程创作的乐趣,并将编程思维应用到其他领域中。

◎ **教学重点和难点**

编程逻辑问题。

◎ **教学过程**

一、情景导入

软件(Software)是一系列按照特定顺序组织的计算机数据和指令的集合。

① 机器语言:电子计算机的信息是由"0"和"1"组成的二进制数形式来表示的,二进制是计算机语言的基础。采用二进制指令编写程序的编程语言就是机器语言。

② 汇编语言:为了减轻使用机器语言编程的困难,人们用一些简洁的英文字母、数字等符号来替代一个特定指令的二进制串,比如,用"ADD"代表加法,"MOV"代表数据传递等。

③ 高级语言:1954 年,第一个完全脱离机器硬件的高级语言——FORTRAN——问世了。1969 年,人们提出了结构化程序。

④ 20 世纪 80 年代初开始,软件设计思想发生了改变,成果是面向对象的程序设计。

⑤ C 是一个结构化语言,它的重点在于算法和数据结构。C++ 更是拓展了面向对象设计的内容,如类、继承、虚函数、模板和包容器类等。

⑥ 可视化开发:VB、VC 等。

⑦ 图形模块化设计。

二、提出挑战

2012 年 6 月,Google 发布了完全可视化的编程语言 Google Blockly,每个图形对象都是代码块,用户可以将它们拼接起来,创造出简单的功能,然后将一个个简单功能组合起来,构建出一个程序。整个过程只需要鼠标的拖曳,不需要键盘敲击。

三、技术指导

1. 电脑连接 Wi-Fi 热点

① 打开 Wi-Fi 智能小车电源（支持动态主机配置协议），等待指示灯长亮。

② 设置电脑"自动获取 IP 地址"。

③ 打开 Wi-Fi 设置，选择 ITRON + 4 位 16 进制数，输入密码。

④ 打开电脑上的浏览器，输入地址：

http：//i. wrtno. de/blockly 或 192. 168. 8. 1/blockly

Wi-Fi 设置示意图

2. 红外遥控器控制说明

打开 Wi-Fi 智能小车电源，智控装在四轮或三轮车上时，可使用红外遥控器直接控制。

① 3 号电机与 4 号电机协作控制车体左转。

② 3 号电机与 4 号电机协作控制车体前进。

③ 3 号电机与 4 号电机协作控制车体右转。

④ 3 号电机与 4 号电机协作控制车体后退。

⑤ 控制 2 号直流电机正转。

⑥ 控制 5 号直流电机正转。

⑦ 控制 2 号直流电机反转。

⑧ 控制 5 号直流电机反转。

四、积木编程

（1）进入拼图模块，了解软件界面

红外遥控器

软件界面示意图

（2）进入迷宫模块，了解模块组成

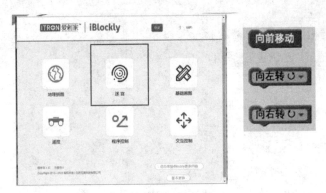

模块示意图

五、创意竞赛

用程序让小车走正方形（边长 50 厘米），最后回到起始位置，车头停止后的朝向要与发车时一致。

路线示意图

课例 6　双电机驱动三轮车

◎ **教学目标**

① 了解中控板的作用，理解中控板类似人类的大脑。

② 学习中控板的使用方法，体验用 3、4 号电机控制车辆。

③ 激发学习动机，培养探究能力。

◎ **教学重点和难点**

① 用无头六角螺丝将固定盘安装到电机轴上。

② 循环编程语句。

◎ **教学过程**

一、情景导入

1. 教师通过情景教学引出课程主题

教师：今天老师给大家介绍一位新朋友，但在介绍之前老师想出几道算术题考考大家,答对了新朋友就会出现了(教师按照学生年龄特点出算术题使其回答,例如 10 岁 + 11 岁 = 21 岁)。

提问:我们人类是通过什么做出算术题的? 计算机能不能也做出算术题?

结论:人类是在大脑中进行计算的。而计算机的大脑叫中央处理器(CPU),也就是我们套装中的中控板(出示中控板,介绍它的作用)。

2. 教师引用家用电器图片展开情景教学

教师:(教师准备图片如洗衣机、空调、微波炉、电脑等)图片里的这些电器采用怎样的工作方式呢?(学生根据认知自己回答)

提问:这些电器为什么会有不同的工作方式呢?

小结:这些电器里面有一个很重要的东西——CPU,它让家电有不同的工作方式。

二、提出挑战

① 分发教具箱,学生人手一套。

② 教师展示双电机驱动三轮车。

提问:大家观察三轮车,它是什么样子的,由哪些结构组成呢?

结论:三轮车组成结构——车身、车轮、电机。

③ 学生创意搭建双电机驱动三轮车。

三、技术指导

1. 什么是 CPU

(讲中控板的时候适当给学生普及)CPU 是控制整个计算机系统的设备。它主要控制从输入设备接收资料,经过处理后,把结果发送到输出设备。机器人的所有指令都要经过 CPU 处理,所以说 CPU 是计算机的大脑,主要用于记忆和计算。

2. 生活中应运到 CPU 的例子

(可作为拓展问题进行提问)学生举例使用 CPU 的产品,如:电脑、手机、电视机、电冰箱等。

3. 创意搭建

教师:通过观察老师的三轮车,想必你们制作起来会容易一些,现在快点动手制作吧!

学生参照视频进行三轮车的搭建。教师播放教学视频,可在关键的地方暂停讲解,具体操作需根据实际课堂情况进行。例如:2分38秒暂停,提醒注意两个电机的安装方向和位置。

视频中的搭建方式只作为参考,学生可根据自己的想法搭建。教师在学生搭建过程中对于出现的问题与难点进行指导与讲解。

(1)将电机安装在梁上

电机与梁连接时请注意电机上的插口是否朝外,便于安装电机线。

安装示意图

(2)安装轮子

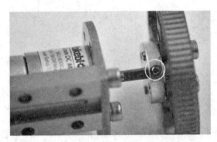

拧有无头六角螺丝的孔需要与电机轴的平面垂直,再使用L型1.5 mm扳手进行固定。

安装示意图

(3)安装长梁和万向轮 (4)安装轮胎和中控板

安装示意图　　　　　　　　　　安装示意图

四、创意竞赛

教师：现在测试一下你们的三轮车的灵活程度，来一场三轮车障碍赛。

教师组织学生进行障碍赛。在教室的地面用一些小的障碍物设置障碍，学生用遥控器操纵小车，穿越障碍区用时最短的组获胜。注意合理分组，组织秩序。

五、布置作业

查询各类三轮车的使用情况，观察、思考目前社会上哪些行业使用三轮车比较多，为何大多采用电能提供动力。

课例 7　起重机及手摇式发电机车

◎　**教学目标**

① 使用套件熟悉起重机、手摇式发电机的机械结构，了解发电机的工作原理。

② 利用套件器具搭建起重机装置，直观地学习起重机原理。

③ 体验动手创作的乐趣，并能用创客的思维看待各种创客作品。

◎　**教学重点和难点**

2 个电机的安装问题。

◎　**教学过程**

一、情景导入

教师：什么是电？

教师介绍电的物理概念，人类对电的研究历史与利用等。

二、提出挑战

① 教师向学生发放套件，让学生熟悉套件。

② 学生利用手中的套件制作起重机（详见创意搭建环节），在制作过程中掌握起重机的原理。

三、技术指导

教师：起重机支架的结构形状必须保持矩形。因为原材料安装孔位的限制，所以如果直接按照孔位安装，那么这个结构矩形就不能封闭，解决办法是用垫圈或者螺丝帽来填充。

四、创意搭建

教师：我们现在快点搭建起重机吧！

学生参照 PPT 进行起重机的搭建。

1. 手摇式发电机　　　　　　　　　　　　2. 起重机

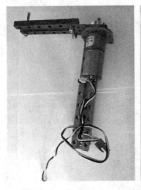　　　　

示意图　　　　　　　　　　　　　　　　　示意图

五、创意竞赛

教师：各位同学制作的起重机哪个起重更重、更平稳。

可以让学生不断改进起重机结构，多次尝试。

课例 8　投篮器

◎ **教学目标**

① 通过套件了解投篮器的结构，了解投篮器的原理。

② 利用套件器具搭建投篮器装置，直观地学习投篮器原理。

③ 体验动手创作的乐趣，并能用创客的思维看待各种创客作品。

◎ **教学重点和难点**

用线绳安装篮球框。

◎ **教学过程**

一、情景导入

教师：投篮器的工作原理与投石车的工作原理相似，我们之前搭建过单、双臂投石车，你们还记得其原理吗？

二、提出挑战

① 教师向学生发放套件，学生熟悉套件。

② 学生利用手中的套件制作一个投篮器（详见创意搭建环节），在制作过程中掌握投篮器的原理。

三、技术指导

重温讲解杠杆原理。

四、创意搭建

教师：我们现在快点搭建一个投篮器吧！

学生参照视频进行投篮器的搭建。教师播放教学视频，在关键的地方暂停讲解，具体操作需根据实际课堂情况进行。

（1）安装投篮器底座及投臂　　　　（2）安装投篮器支架上的轮轴

示意图

示意图

（3）用线绳安装篮球框

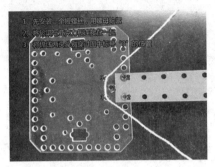

示意图

（4）用线绳安装篮球框

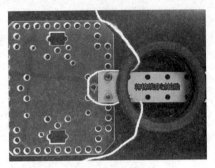

示意图

（5）用线绳安装篮球框

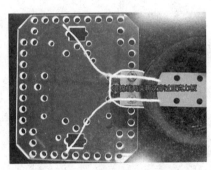

示意图

（6）用线绳安装篮球框

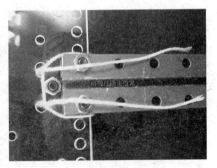

示意图

（7）投篮器成品展示

成品展示图

五、创意竞赛

教师：同学们的投篮器制作完成，咱们来比试比试，看哪一个投篮器的投篮效果更好！

进行投篮竞赛：各投 10 次，看哪位学生的投篮器进球最多。

六、作业布置

上网查询古代投石车与课堂制作的投篮器有哪些异同点。

课例 9　搅拌机

◎　**教学目标**

① 通过套件了解机械结构，了解搅拌机的工作原理。

② 利用套件器具搭建搅拌机装置，直观地学习搅拌机原理。

③ 通过制作简易装置，培养对创客课程的兴趣。

◎　**教学重点和难点**

理解搅拌机的非对称有效性问题。

◎　**教学过程**

一、情景导入

教师：今天我们要搭建一个搅拌机，模拟家里用的豆浆机。

本课包含以下相关知识：

1. 萃智理论中的 40 个发明原理第 4 个：非对称原理

① 用非对称形式代替对称形式。

② 如果对象已经是非对称，增加其非对称的程度。

在制作搅拌机时，非对称的搅拌叶片可以提高搅拌效果。

2. 水导电的原理

纯净水几乎不能导电，因为纯净水里没有电解质，或者说没有可移动的电荷；而自来水里含有许多杂质，有很多电离子，因此自来水可以导电。如果在水中加入食盐，导电性能会增强，因为盐水中含有很多离子，容易导电。我们在做搅拌机实验的时候一般都是用自来水,若电路板沾到水,可能造成短路,从而损毁电路。

3. 金属生锈的原理

最常见的生锈现象是铁制品长期暴露在空气中和氧气发生了氧化反应,或者是被水中的氧元素侵蚀成为氧化物。铁容易生锈,除了由于它的化学性质活泼以外,与外界条件也有很大关系。水分是使铁容易生锈的物质之一,然而,只有水也不会使铁生锈,只有当空气中的氧气溶解在水里时,氧在有水的环境中与铁反应,才会生成氧化铁,这就是铁锈。

二、提出挑战

① 教师向学生发放套件,学生熟悉套件。

② 学生利用手中的套件制作一个搅拌机(详见创意搭建环节),在制作过程中掌握搅拌机的原理。

三、技术指导

常用的防止铁生锈的方法有:

① 组成合金,以改变铁内部的组织结构。例如把铬、镍等金属加入普通钢里制成不锈钢,就大大地增加了钢铁制品的抗生锈能力。我们用的螺丝和螺母就是不锈钢制的。

② 在铁制品表面覆盖保护层,从而防止铁制品和水、空气等物质接触而生锈。我们套件中的螺丝之所以是黑色的,是因为螺丝表面加了一层氧化层,可以防止氧化生锈。

③ 保持铁制品表面的洁净和干燥也是防止铁制品生锈的一种好方法。

套件中的铝合金配件是不容易生锈的,因为铝是活泼金属,在干燥空气中铝的表面会立即形成一层致密氧化膜,使铝不会进一步氧化并耐水;而且铝合金配件的表面还加了一层氧化层保护(蓝色或金色),所以可以将铝合金配件作为搅拌机叶片使用,不用担心沾水生锈。

四、创意搭建

学生参照视频进行搅拌机的搭建。教师播放教学视频,在关键的地方暂停讲解,具体操作需根据实际课堂情况进行。

搅拌机成品展示图

五、创意竞赛

教师：同学们的搅拌机制作完成，请将水倒入搅拌机中并搅拌，看谁的水面提升最高。

课例 10　传送带

◎　**教学目标**

① 利用套件熟悉传送带，直观地学习带传动知识，同时了解萃智理论中的40 个发明原理第 1 个"分割原理"。

② 模仿老师提供的样品搭建传送带。

③ 培养学生的团队合作意识。

◎　**教学重点和难点**

三个同步轮必须保持在一条直线上。

◎　**教学过程**

一、情景导入

教师根据具体课堂情况适当介绍传送带的起源。

二、提出挑战

① 教师向学生发放套件，熟悉套件。

② 学生利用手中的套件制作一辆传送带（详见创意搭建环节），在制作过

程中掌握传送带的原理。

三、技术指导

1. 分组合作

学生每两人或三人一组,将两或
三套套件组合完成。

2. 萃智理论中的 40 个发明原理第
1 个: 分割原理

① 将物体分为独立部分。

② 使物体成为可组合的(易于拆卸和组装)。

③ 增加物体被分割的程度。

整条履带是由各个小履带组成的,易于拆卸和组装,体现了分割原理。

四、创意搭建

教师:我们现在快点自己搭建一辆传送带吧!

学生参照视频进行传送带的搭建。教师播放教学视频,在关键的地方暂停
讲解,具体操作需根据实际课堂情况进行。

(1) 传送带机架   (3) 传送带座机架

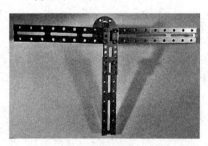

示意图

(2) 从动轮

示意图

示意图

五、创意竞赛

要求传送带长度2个单位为一组，在限定时间内看哪一组运输的物品最多，若物品在中途掉落，则要回到初始位置重新运输。现场教师可以根据上课时间灵活调整比赛内容。

六、布置作业

上网查询关于传送带的使用情况，思考在工厂、公共场所哪些用具利用了课堂上学习的传输带原理。

课例 11　电动转椅

◎　**教学目标**

① 利用套件熟悉电动转椅，同时了解萃智理论的 40 个发明原理第 6 个"普遍性原理"。

② 搭建电动转椅，了解离心运动原理。

③ 培养团队合作意识。

◎　**教学重点和难点**

① 四个同步轮必须保持在一个平面上。

② 两个主动轮的运行方向必须是一致的。

◎　**教学过程**

一、情景导入

教师：生活中有一种椅子，是可以部分转动的椅子，我们能否利用套件去设计制作出一个电动转椅呢？

二、提出挑战

① 回顾：上节课我们学习了什么知识？

② 提问：请尝试举出能够体现"普遍性原理"的生活实例。

③ 教师向学生提出本课程项目的制作要求及注意事项。

三、技术指导

1. 萃智理论的 40 个发明原理第 6 个：普遍性原理

一个物体执行多种不同功能。

将电路板做成椅子靠背的一部分，既实现了固定电路板的功能，又实现了座椅靠背的功能，体现了"普遍性原理"。

2. 萃智理论的 40 个发明原理第 13 个：逆向思维原理

① 颠倒过去解决问题的方法。

② 使物体活动的部分改为固定的，固定的部分改为活动的。

③ 翻转物体（或过程）。

一般的旋转座椅都是椅子下面有一根转轴带动椅子转动，而现在我们将椅子固定不动，用旋转的履带来带动设备整体转动，这体现了"逆向思维原理"。

3. 离心运动原理（用电动转椅做演示）

物体有远离中心运动的现象。当物体在做非直线运动时（非牛顿环境，例如：圆周运动或转弯运动），因物体一定有本身的质量存在，质量造成的惯性会强迫物体继续朝着运动轨迹的切线方向（原来那一瞬间前进的直线方向）前进，而非顺着接下来转弯过去的方向走。所以，旋转座椅会把上面的物体甩出去。

四、创意搭建

教师：我们现在快点自己搭建一辆电动转椅吧！

学生参照视频进行电动转椅的搭建。教师播放教学视频，在关键的地方暂停讲解，具体操作需根据实际课堂情况进行。

（1）底座支架   （2）安装从动轮

示意图

示意图

（3）安装两个电机

（5）完成

示意图

（4）安装椅子靠背

示意图

示意图

五、创意竞赛

教师：同学们的电动转椅制作完成，咱们来比试比试看哪一个电动转椅运行起来稳定性最大！

六、布置作业

查询相关资料，观察、探究智能航空转椅及现实生活中办公场所转动座椅的运行原理，思考它们与我们课堂制作的电动转椅知识点有哪些异同。

课例12　坦克

◎　**教学目标**

① 掌握增大有益摩擦力的方法、减小有害摩擦力的方法。

② 在老师的引导下按照使用说明书安装坦克机器人。

③ 培养主动学习的能力。

◎ **教学重点和难点**

主动轮及从动轮的安装。

◎ **教学过程**

一、情景导入

师：你们知道被称为现代陆上作战的主要武器，有"陆战之王"之美称的，是什么吗？请大家先查阅相关资料。（坦克）

二、提出挑战

① 教师向学生发放套件，学生熟悉套件。

② 学生利用手中的套件制作一辆越野能力超强的坦克（详见创意搭建环节），在制作过程中掌握坦克的工作原理。

三、技术指导

① 增大有利摩擦的方法有增大压力、增大接触面的粗糙程度等。当无头螺丝被拧紧以后，无头螺丝与马达转轴之间会产生很大的压力，拧得越紧，压力越大，同时摩擦力也就越大，联轴器就越不容易松动。

② 减小有害摩擦力的方法有减小压力、添润滑油、使物体与接触面分离、变滑动为滚动等。套件中的塑料垫片表面相对比较光滑，可以减小摩擦力。

四、创意搭建

学生参照视频进行坦克车的搭建。教师播放教学视频，在关键的地方暂停讲解，具体操作需根据实际课堂情况进行。

（1）组装从动轮

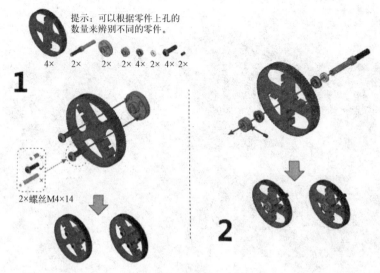

提示：可以根据零件上孔的数量来辨别不同的零件。

4×　2×　2×　2×　4×　2×　4×　2×

1

2×螺丝M4×14

2

示意图

（2）安装同步轮

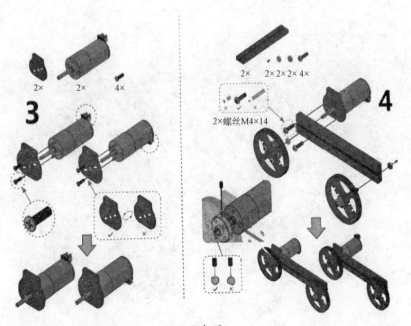

2×　2×　4×

3

2×　2×2×2×4×

2×螺丝M4×14

4

示意图

（3）上电机支架

示意图

（4）安装车底

示意图

（5）安装履带完成作品

示意图

五、创意竞赛

教师：既然坦克是陆战之王，那我们就来验证一下坦克的实力吧。

教师在教室内设置障碍，学生操纵坦克翻越障碍，用时最短的组获胜。注意合理分组以及维持秩序。

六、布置作业

目前人们主要在军事领域广泛使用坦克车，要求学生通过查资料了解世界上最先进的坦克车的性能，回答："未来战争中会出现无人坦克车吗?"

课例 13 电动工具车

◎ **教学目标**

① 掌握萃智理论中的 40 个发明原理第 5 个"合并"与第 7 个"嵌套"。

② 模仿老师提供的样品搭建电动工具车，并有所创新。

③ 培养团队协作精神。

◎ **教学重点和难点**

整个电动工具车的结实度及稳定性。

◎ **教学过程**

一、情景导入

教师：创客课程的每节课都会用到一件工具，那就是螺丝刀，我相信现在大家都能熟练地使用螺丝刀了。但是在实际使用螺丝刀的过程中,如果要拧很多螺丝时会遇到两个问题,大家想想是哪两个问题。

小结:一个是效率问题,另一个就是长时间操作螺丝刀手部会比较累。这就需要我们对螺丝刀进行改进,解决上述两个问题,正所谓"工欲善其事,必先利其器"。

二、提出挑战

① 教师向学生发放套件,熟悉套件。

② 学生利用手中的套件制作一辆电动工具车(详见创意搭建环节),在制作过程中掌握电动工具车的原理。

三、技术指导

1. 萃智理论中的 40 个发明原理第 7 个:嵌套

用实际的零件进行演示讲解。

① 将第一个物体嵌入第二个物体中,然后将这两个物体一起嵌入第三个物体中。

② 让物体穿过另一个物体的空腔。

先将联轴器与轮子连接,然后将螺丝刀穿过联轴器中间的圆孔并加以固定,这个过程体现了"嵌套原理"。

2. 萃智理论中的 40 个发明原理第 5 个:合并原理

除了用实际零件演示,也可以列举生活中常见的例子辅助讲解。

① 合并空间上同类或相邻的物体或操作。

② 合并时间上同类或相邻的物体或操作。

一个马达导线连接器有正负两极,原先正负两极都只连接一条导线,现在将马达导线连接器的正负两级分别连接两条导线,这样就组成了并联电路,一个马达导线连接器可以同时控制多个电路,这个方法体现了"合并原理"。

四、创意搭建

教师:我们现在快来搭建一辆电动工具车吧!

学生参照视频进行电动工具车的搭建。教师播放教学视频,在关键的地方暂停讲解,具体操作需根据实际课堂情况进行。

五、创意竞赛

同学们的电动工具车制作完成，咱们来比试比试看哪一辆电动工具车威力更大！（可以用泡沫材料模拟作为钻孔的墙体）

六、作业布置

上网查询关于电动工具车的使用情况，思考电动工具车将来会在哪些特殊场景对我们提供极大帮助。

示意图

课例 14　足球机器人

◎ **教学目标**

① 熟练掌握结构搭建思维、机械原理、中控板使用方法。

② 利用套件器具搭建足球机器人装置，直观地学习足球机器人原理。

③ 体验多种办法解决问题，感受创客学习的乐趣。

◎ **教学重点和难点**

主动轮的稳定性。

◎ **教学过程**

一、情景导入

教师：你们都看过足球赛吗？足球赛是我们人的比赛，你们有没有想过让机器人去踢足球呢？听起来有点疯狂。机器人真的能去踢足球，而且还是要组成一个球队，机器人之间相互配合，协同进行比赛。现在的足球机器人还没有做到像我们人一样，不过，相信在未来机器人可以真的像人类一样参加足球比赛。

二、提出挑战

教师：如果我想来一场足球比赛，需要什么？（守门的和射门的。）所以我们今天要做的足球机器人要有负责射门的和负责守门的（学生利用套件制作一个足球机器人，要求能射门和守门）。

三、创意搭建

教师：我们首先要想办法制作一个可以射门的机器人，一定要注意观看视频哦！

学生参照视频进行搭建。教师播放教学视频，在关键的地方暂停讲解，具体操作需根据实际课堂情况进行。

足球机器人侧视图   足球机器人侧视图

足球机器人成品展示图

四、创意竞赛

教师：制作完成后，我们当然要来一场足球大战，你们准备好了吗？

将学生分为攻方和守方。攻方负责射门,守方负责守门,在规定时间内进行足球赛,到时间后双方互换角色。比赛时间根据课程具体情况规定,注意维持秩序。

课例 15　积木化编程——输入输出

◎　**教学目标**

① 了解"输出"和"输入"的意思,掌握数据线的连接方法。

② 通过周围事物的"进"和"出"了解"输入"和"输出"。

③ 通过自由的搭建激发创新能力,在编程的学习过程中锻炼逻辑思维和自主探索学习的能力。

◎　**教学重点和难点**

"输入"与"输出"的实际含义。

◎　**教学过程**

一、情景导入

1. 认识"输出"和"输入"

教师：请看下图,上面画了键盘、鼠标、主机、显示器,当键盘和鼠标发出指令时,通过主机的处理,显示器会显示出相应的内容,所以电脑的键盘和鼠标是输入设备,显示器是输出设备。

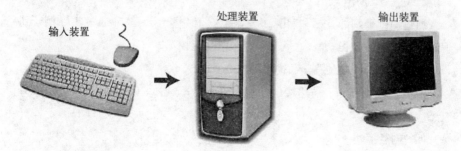

输入装置　　　　　　处理装置　　　　　　输出装置

2. 找出输出设备和输入设备

教师：从下图中找出输出和输入设备。

学生：话筒是输入设备，音箱是输出设备。

3. 教师通过互动游戏完成情景教学

老师说命令，学生做动作，如：起立、坐下、举起左手等。

提问：你们是怎样执行我的命令的？

讨论：老师说出命令——学生听到——用身体做出相应的动作。

结论：老师的嘴巴是输出命令，你们的耳朵听到是输入命令，然后身体做出动作是输出命令。

二、提出挑战

教师：我们对输出和输入已经有所了解，那么这节课要用到哪些输出设备呢？

学生：LED 灯、蜂鸣器、LED 灯带。

三、技术指导

1. IN 和 OUT 的意思

IN 是往里进的意思，即输入信号；OUT 是往外的意思，即输出信号。

2. 进一步了解"输入"与"输出"

通过周围事物的"进"和"出"了解"输入"和"输出"。教师通过实际例子讲解输入和输出的知识，如：电风扇、台灯、电动遥控车。

3. 教师展示中控板输入、输出端口

输出（OUT）端口：马达接口、LED、蜂鸣器等。输入（IN）端口：开关、红外线感应器等。

四、创意搭建

学生参照视频进行图形化编程操作。教师播放教学视频，在关键的地方暂停讲解，具体操作根据实际课堂情况进行。

（1）iBlockly控制蜂鸣器，响一秒停止　　（2）应用循环模块，蜂鸣器连续响3次

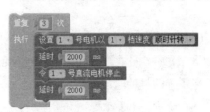

设置示意图　　　　　　　　　　　　　设置示意图

（3）根据视频的要求试着做一个SOS求救信号

（4）用程序中电机1-9档控制LED灯带的亮度

（5）编写一个LED灯带逐渐亮的程序　　（6）编写一个LED灯带闪烁的程序

设置示意图　　　　　　　　　　　　　设置示意图

五、创意竞赛

教师组织学生进行灯光、声音程序创意赛。

课例16　泡泡机

◎　**教学目标**

① 简单使用iBlockly程序，用iBlockly程序控制泡泡机吹泡泡。

② 设计创造并进行制作，培养运用所学知识解决实际问题的能力。

③ 通过泡泡机设计与制作的全过程，体验问题解决过程中的曲折与艰辛，培养善于独立思考与合作的科学精神。

◎　**教学重点和难点**

编程及泡泡棒的正确安装位置。

◎ **教学过程**

一、情景导入

互动谈话进行导入。

教师：同学们有没有玩过吹泡泡的游戏？你们是怎么玩的？（进行互动，为接下来的自动吹泡泡机做铺垫）

学生：用手拿着，蘸泡泡水再吹。

教师：我们常见的泡泡机就是这样玩的，你们见过可以自动吹泡泡的机器吗？今天我们就来自己设计制作一个可以自己吹泡泡的泡泡机。

二、提出挑战

① 分发教具箱，学生人手一套。

② 学生根据所提供的零件组装泡泡机。

教师：要做一个自动吹泡泡机，我们就要先来分析一下吹泡泡时的步骤，首先要将吹泡泡的工具从瓶子里拿出，接着轻轻地吹，泡泡就会吹出来，然后重复这个动作。如果这一系列动作要用机器完成该怎么做呢？我们将吹泡泡的工具固定在一根梁上，然后用电机控制这根梁的上下运动，这样就能实现蘸泡泡液这个动作；接下来就该吹泡泡了，既然是要吹泡泡，那么就需要有风，再装一个风扇是必不可少的，同学们可以根据上述的分析结果来制作一个自动吹泡泡机。

三、创意搭建

教师：我们现在来自己制作一个泡泡机吧！

学生参照视频进行泡泡机的搭建。教师播放教学视频，在关键的地方暂停讲解，具体操作根据实际课堂情况进行。

（1）制作"H"型支架   （2）电机与梁连接

示意图   示意图

（3）轮子与电机连接

（4）安装风扇、泡泡棒

示意图

示意图

注：电机风扇与泡泡棒用扎带捆绑在金属梁上。

四、创意竞赛

教师：同学们的泡泡机制作完成了，咱们来比试比试看哪一个泡泡机吹泡泡的威力最大！

六、作业

观察思考自己所见的吹泡泡玩具与课堂制作的智能泡泡机运行原理，分析其体现了哪些科学技术。

（本章执笔：瞿惠钧）

第五章
教师参与：STEAM 课程的艺术

　　"趣味 Scratch 编程"课程是以编程软件 Scratch 为载体的计算机编程课程。Scratch 软件是由麻省理工学院面向青少年开发的图形化编程工具。目前，儿童编程已经风靡各国，作为数字原住民的新一代青少年，对计算机深入的了解和学习是十分必要的。数字科技的发展对青少年提出了新的要求，他们必须学会利用计算机，从计算机的角度思考问题、解决问题，构建计算思维。"趣味 Scratch 编程"将是同学们通向计算机世界的引路人。

  "趣味 Scratch 编程"课程是我校"STEM＋"创新教育系列课程下的一门编程入门课程，课程对象主要为六年级学生。课程主要围绕图形化编程软件，按特定主题开展项目式自主学习。课程内容包含 Scratch 软件的基础运用、计算机绘图、Scratch 动画创作以及程序作品创作。课程旨在增强学生学习编程的兴趣、降低学习编程的门槛和难度，学会以计算机思维考虑问题，提升信息技术素养。

课程纲要　探秘图形化编程

  Scratch 编程工具作为学生编程入门学习的工具有非常明显的优势特征，通过简单操作即可完成程序编程，甚至可以制作出复杂的、逻辑性较强的庞大程序。学生学习简单的使用方法后，能做出许多具备个人风格的作品，之后可将作品上传至 Scratch 线上分享平台，亦可下载其他作品进行学习和翻创。希望学生能根据 Scratch 的可视化编程界面，运用计算机逻辑思维组建项目，解决问题。

一、课程背景

  "趣味 Scratch 编程"课程的理念为"趣味创造，编程助学"，老师在课程中的角色为引导者、资源供应者和服务者，课程以学生为主体，体现主题课程的跨学科整合，满足学生对学科融合的学习需要；培养学生解决实际生活问题的能力；以团队合作的形式帮助学生建立从实际情况出发的思维习惯，树立全局理念；锻炼学生提出问题、分析问题、解决问题的能力，从而培养学生动手能力，激发学生的创新思维。

  STEAM 是科学、技术、工程、艺术和数学相融合的教育。科技综合课程运用 STEAM 理念可以进一步挖掘丰富学生学习体验的方式、方法，进一步关注如何给予学生学习并实践的愉悦体验，注重动脑、动手的过程，设计或制作出学生喜欢的东西。Scratch 科目其实是对基于标准化考试的传统教育理念的转型，它代表着一种现代的教育哲学，更注重学习的过程，而不是结果。

二、课程目标

① 通过学习 Scratch 编程知识，掌握 Scratch 基础编程知识与技能，知道基本的计算概念，提高动手操作能力。

② 理解 Scratch 十种积木块的运用，能够独立制作简单的程序。

③ 学会基本的思维方式、科学探究流程，运用科学的探究方式分析项目中的问题并寻找解决办法，使用 Scratch 制作逻辑较复杂、贴近生活实际的程序作品。

④ 在动手制作好玩的程序、游戏、故事动画的同时，掌握编程知识，领悟计算概念，体会用计算机解决问题的过程。

三、课程内容

我校"趣味 Scratch 编程""STEM＋"创新课程主题是带着兴趣学习编程。课程内容的设置目标是帮助学生提升学习编程的兴趣，增加对 Scratch 编程的认识与体验，提高应对实际问题的动手操作能力，掌握 Scratch 基础编程知识与技能，体验 Scratch 编程与创作的魅力。内容具体分为 4 个方面。

模块 1：初步认识 Scratch

学生在此模块中初步接触 Scratch 软件，学习使用 Scratch 软件，激发学习编程的兴趣，增加对 Scratch 编程的认识与体验，提高动手操作能力，掌握 Scratch 基础应用知识与技能。主要内容为：了解 Scratch 软件；初识 Scratch 编程环境，认识不同类型的积木块；动手创建第一个 Scratch 项目；欣赏优秀作品与交流。

模块 2：计算机绘图与动画

本模块的主要目标是：学生使用计算机绘制图形、制作动画，并进一步搭建逻辑性强、功能丰富的程序作品，对故事的整体情节进行脚本设计，创造场景与角色,不同场景之间要有合理串联和过渡。通过对整体的把握培养学生的全局观念,让学生在制作的过程中通过自学、寻求同伴与教师的帮助掌握 Scratch 编程技能,学以致用。

模块 3:十种积木模块的应用

在这一模块的学习中,学生通过学习以及项目活动能合理正确地运用不同的积木块来实现预设的功能,完成一个具有完整功能的作品;在创作过程中学会与他人合作,通过细致的观察对问题做出正确的判断,根据实际情况调整策略。

此模块的内容包含巡线程序、移动弹板游戏、接苹果游戏、打地鼠游戏和几何画图,学生在此模块的课程中将学习到侦测、变量、链表等与计算机编程相关的概念,并使用图章工具画图进一步熟悉数字运算与逻辑模块。这些都为学生在高中阶段的编程学习打下基础,接触计算概念,形成计算思维。这些项目的制作将有助于学生理解 Scratch 中十个积木块的使用方法,掌握以模块积木为工具,使用 Scratch 制作项目的能力。

模块 4:一个完整的作品

学生通过已掌握的技能,进行自主设计与作品创作,发挥自己的创意。学生在动手制作好玩的程序、游戏、故事动画的同时,掌握编程知识,领悟计算概念,体会用计算机解决问题的过程。

此模块中,参与课程的学生将更侧重于编程能力的培养,飞机大战游戏、时钟程序等都是一个个完整而复杂的编程项目。学生在参与项目的同时,不仅要掌握十个模块积木的使用,而且要运用自如。项目创建中还会涉及团队合作的能力锻炼、自主学习能力的养成和举一反三的发散性思维培养,每个项目活动都充分考验了学生的能力和素质。完成作品后,还有制作演示文稿、台上展示和演讲的机会,充分锻炼学生的表达能力和逻辑思维。

四、课程实施

"趣味 Scratch 编程"课程实施时间为一学期,安排 10 次内容课,另安排 2 次课用于作品展览和交流,共计 12 次课。Scratch 活动课在自主拓展课程内实施,由对 Scratch 科目有兴趣的六、七年级学生自主选择修习,上课地点为多媒体教室，每人一台装好 Scratch 软件的计算机，用于动手实践、学习编程。本课程由学校科技教研组具体实施。

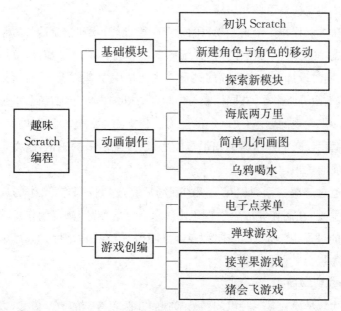

趣味 Scratch 编程
- 基础模块
  - 初识 Scratch
  - 新建角色与角色的移动
  - 探索新模块
- 动画制作
  - 海底两万里
  - 简单几何画图
  - 乌鸦喝水
- 游戏创编
  - 电子点菜单
  - 弹球游戏
  - 接苹果游戏
  - 猪会飞游戏

课程结构图（部分）

（一）体验式学习

体验式学习可以作为一种学习方式在课堂活动中运用，其以学习者为中心，强调多样的学习资源和技术准备，强调丰富的学习情景、多样化的课堂活动以及多元化的评价。"趣味 Scratch 编程"课程应用体验式学习进行教学，注重学生在课程学习中的过程性和体验性：使用问题、情景、短片等多种课堂导入形式，增强课堂的问题情境性，引导学生在情境中发现问题，使用编程工具解决问题，完成学习。在学习活动的实施中，针对学生年龄及心理特点，以形象、具体的情景，丰富、活泼的活动形式开展活动。

（二）项目式学习

项目式学习要求学习者在原有知识的基础上完成一系列相关任务，解决问题，得到新的知识。项目式学习要求学生解决问题，进行基于现实世界的探究活动。在课程改革的当下，项目式学习被广泛认可。与传统的课堂教学相比，项目式学习有独特的优势。同时，在项目式学习中，教师和学生在学习中的定位与功能也发生了改变,学生成为中心,教师则强调以培养学生个体的能力为导向。项目式学习的教与学的核心是探究式的学习方式,在对真实问题的解决中由学生个体建构自己的知识体系。

教师在本课程每一个主题项目的学习阶段,以游戏和情景的形式拓展相关学科知识点,同时对项目任务提出详细的要求和目标,以合适的考核评价标准进行评价,同时设计富有趣味性的教学方法让学生学有所得、学有所乐。根据项目要求,学生分工合作,共同探索与体验计算机编程创作的过程,锻炼创新意识和在生活中发现问题、解决问题的能力。建立与学校德育教育的有效衔接,引导学生运用已有的跨学科的知识与能力,以及生活中的感悟,激发学习兴趣和主动发展的意识。

学生通过解决一系列相互关联的问题后完成项目制作,产生的成果以作品的形式呈现,在制作完成后学生还要展示自己的作品,阐述创作意图。在与他人交流的过程中学生的组织能力、合作能力、语言能力得到了锻炼,这是学生综合能力提升的阶段。

(三) 问题式教学模式

问题式教学模式是一种以问题为基础展开课程教学的教学模式,以提升学生问题解决能力为教学目标。在学习的开始阶段,教师创设合适的情景,引导学生发现问题,调动学生学习知识、重建知识、解决问题的积极性。"趣味Scratch编程"课程以增强学生实践和解决实际问题的能力为目标,应用问题式教学模式以问题为导向,从问题出发进行项目学习活动。

五、课程评价

本课程的教学评价主要是面向过程的评价。

教学评价是研究教师的教和学生的学的价值的过程。对于本课程的学习评价同时是基于项目式课程的评价进行的。基于项目式课程的评价是一种全新的评价手段,它能帮助评价课堂教学活动是否注重学生 21 世纪技能和学科能力的培养。

面向过程的评价关注学生的学习过程,而非只关注学生的学习结果。此外,过程性的学习评价能对学生的学习表现及时给予反馈,偏离学习目标的学习活动能及时被改正。而分别对学生在课程不同阶段的作品进行评价，可以得到学生前后的表现差异，以此进行对比研究。因此，课程组设计了三级评价量表，量表中的评价标准关注学生的转述能力，关注学生在学习过程中的心理活动和思维演变。课程的具体评价方法如下表所示，包含实验迭代能力、测试调试能力、翻创能力三个维度。

实验迭代能力三级评价量表

实验和迭代	低	中	高
描述如何逐步地构建项目。	能提供建立项目的基本描述，但没有关于特定项目的细节。	能给出以特定顺序构建特定项目的一般示例。	能提供某项目的不同部分的细节，以及它们是如何以一定顺序组织的。
参与项目时，尝试了什么不同的东西？	没有提供具体的例子。	能给出在项目中尝试某事的一般示例。	能提供在项目中尝试的不同事物的具体示例。
做了什么调整，为什么要这样做？	没有调整，或只是口头陈述。/做了调整，但没有具体例子。	能描述他对项目做出的一个具体修订。	能描述添加到项目里的具体元素，并说明为什么。
描述尝试使用不同方式制作，或者试图要做的一些新事物。	没有提供尝试新元素的例子。	能提供一个在项目中尝试新元素的例子。	能描述在一个项目中尝试的具体新事物。

测试调试能力三级评价量表

测试和调试	低	中	高
描述当运行的程序与所想的不同时发生了什么。	不能描述程序与自己想要的效果有什么不同。	能描述项目中出了什么问题，但说不出原本要做什么。	能给出一个具体的例子，说明发生了什么。能说出当运行项目时，想要实现什么效果。
描述如何阅读脚本，调查问题原因。	没有描述问题。	能描述如何阅读脚本，但不能提供解决问题的具体例子。	能描述阅读脚本，并提供一个具体例子。
描述如何做出改变和测试，并发生了什么。	没有描述发生了什么问题或解决方案。	能提供一般例子。	能提供具体例子。
描述如何考虑其他方法来解决问题。	没有提供解决问题的例子。	能提供解决问题的一般例子。	能提供解决问题的具体例子。

翻创能力三级评价量表

抽象与模块化	低	中	高
如何决定项目需要什么角色,以及放置在哪里?	不能举例描述。	提供决定选择某些角色的一般描述。	提供基于项目目标对所选择的角色的具体描述。
如何决定项目需要什么脚本,应该实现什么功能?	不能举例描述。	提供决定创建某些脚本的一般描述。	提供基于项目目标对所选择的脚本的具体描述。
如何组织有意义的脚本?	不能举例描述。	提供如何组织脚本的一般描述。	提供如何组织脚本的具体示例,以及说出为什么。

课程图谱　塑造计算思维

　　STEAM 教育,包含科学(Science)、技术(Technology)、工程(Engineer-ing)、艺术(Arts)、数学(Mathematics),是一种"后设学科",这一学科的建立是基于不同学科之间的融合,将原本分散的学科形成一个整体。"趣味 Scratch 课程"与 STEAM 教育紧密呼应,体现了 STEAM 五个元素的融合发展。

　　"S"指的是科学。本课程体现了一定的科学性,在学生动手制作的程序中,要求学生实事求是地进行思考,同时结合其他学科的知识、定义、定律解决问题。

　　"T"指的是技术,意为用技术解决存在的问题,最后获得某方面的能力。本课程在项目里涉及计算机技术,即学生在学习的过程中,需要通过绘画、编程来熟练运用计算机技术。

　　"E"指的是工程,本课程中的单元学习以项目活动为载体,学生在动手创作前先订立目标、设计程序,在动手完成后根据反馈进行改进,为学习活动嵌入工程思维,根据需求进行设计,然后开发制作,分享交流,根据反馈对作品进行改进。在一系列的课程项目中,学生将收获系统思考的能力。

　　"A"指的是艺术,课程要求作品带有一定的艺术性,有一定的人文关怀,这样的作品更能符合实际,能融入社会。学生在参与本课程项目活动时,既要有搭建程序的能力,又要对作品的艺术性、人文性有一定的考虑,创作对世界友好的作品。

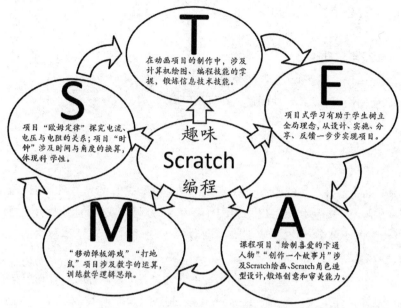

"趣味 Scratch 编程"课程 STEAM 元素结构图

"M"指的是数学，本课程中的项目强调学生的计算技能和逻辑推理能力的掌握。很多项目涉及数学上的运算、估算，几何画图项目中要画出三角形、正方形、复杂的几何花朵等都需要学生有准确的数学计算能力。

学习手册　快乐编程学习

课例 1　初识 Scratch

本课程所有课例的教学准备为：教学 PPT、Scratch 创意优秀作品或作品原件、计算机、Scratch 软件。

◎　**教学目标**

①　观看优秀创意作品，初步了解 Scratch 的界面，通过实验和观察活动，初步尝试制作。

② 掌握分镜头脚本的编写;建立全局考虑的观念。

◎ **教学重点和难点**

① 能认识了解 Scratch 软件及模块。

② 会使用 Scratch 软件创建文件、保存项目文件。

◎ **教学过程**

一、课堂导入

师:同学们喜欢玩的游戏有哪些呢?(例如:《我的世界》《机器猫》《喜羊羊》《赛尔号》……)你们接触过 Scratch 吗? 学习过吗? 或者是使用它做过什么呢?(愤怒的小鸟小动画,乌鸦喝水小动画……)现在能尝试把你喜欢的人物、故事、游戏自制出来吗?

Scratch 是一个魔法世界,我们学习里面的魔法,然后去创造有趣的故事、游戏以及各种好玩的东西。用 Scratch 可以讲故事、自制游戏,实现自己的小创意,让我们进入 Scratch 的世界吧!

二、探究活动

师:计算机与人的"交互"是什么? 带着问题观察以下两个作品(教师提前准备游戏作品)。

计算机与人的"交互"是指人与程序的一种互动,可以理解为人与计算机的一种"对话"。在玩游戏的时候,按键按下的时间、鼠标移动的快慢都会影响到我们游戏的结果,产生胜负。这是我们与计算机对话的结果。

三、创意作品欣赏

火柴人舞蹈

请同学们描述一下画面，谈谈观看后的感受，思考：

① 喜欢或不喜欢的理由？

② 舞台在哪里？

③ 角色有多少个？

④ 一个角色有几个造型？

四、动手试一试

火柴人跳舞的效果怎么实现的？请尝试使用 Scratch3.0 实践一下。

五、探究思考：

① 请同学们动手绘制你自己的火柴人，发挥自己的想象力添加颜色、脸部表情、其他动作等。

② 探索一下，如何换成其他音乐的舞蹈？

③ 舞台切换，把背景切换成其他情景，成为另一种风格的舞曲。

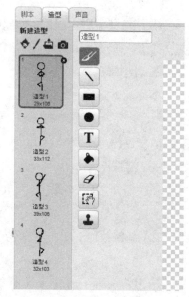

界面示意图

课例2　新建角色与角色的移动

◎ **教学目标**

1. 知识与技能

① 理解 Scrarch 里角色的概念。

② 能使用积木块让角色移动。

③ 理解指令的顺序和排列对指令执行的重要性。

2. 过程与方法

① 体验图形化编程的一般过程，体会使用计算机创造的乐趣。

② 通过体验游戏体会指令的作用。

3. 情感态度与价值观

① 通过简单编程的搭建，体验指令对计算机的作用，理解计算思维，提升信息技术素养。

② 通过动手实践的过程，体会从"做"的过程中学习新知的乐趣。

◎　**教学重点和难点**

1. 教学重点

① 学会故事脚本创作，并继续完善。

② 练习以 Scratch 为工具演绎故事的能力。

2. 教学难点

创编一个完整的动作。

◎　**教学过程**

一、情景导入

回顾旧知，引入本课：上一节课同学们认识了 Scratch，看了很多作品，请谈一下感受。

二、新授技能

1. 启动软件新建角色

① 找到桌面上的 Scratch 软件。

② 观察软件界面，认识软件各个功能区域。

③ 启动 Scratch，新建文件。

2. 给予角色第一个指令

① 点击角色，找到积木区的"移动 10 步"。

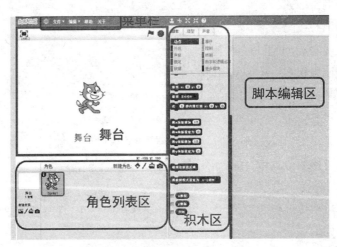

界面展示

将"移动 100 步""重复移动"拖曳进编辑区，运行试看效果。

② 试试搭建以下脚本，看运行效果。

脚本示意

三、拓展提升

自主探索一些简单的积木块，自己尝试从角色库中选择一个喜爱的角色，从脚本区中添加一些还未学习的指令，让角色"动"起来。在分享的时候大胆猜一下所用积木块的功能。

四、展示与分享

组织学生从创意说明、成功经验、存在问题、改进方法四个方面进行展示与交流。教师对作品进行点评。

课例 3 探索新模块

◎ **教学目标**

1. 知识与技能

① 理解指令的概念和作用。

② 能使用积木块让角色移动。

③ 理解指令的顺序和排列对指令执行的重要性。

2. 过程与方法

① 体验图形化编程的一般过程，体会使用计算机创造的乐趣。

② 通过给角色添加积木块，实现角色的建立，体验指令的作用，感受创造的

乐趣。

③ 通过与他人合作,体会团队合作的重要性。

3. 情感态度与价值观

① 通过简单编程的搭建、不同积木的组合,体验指令对计算机的作用,初步理解人机交互的概念,提升信息技术素养。

② 在实践操作中感受 Scratch 的乐趣,激发好奇心和求知欲,得到成功的体验。

◎ **教学重点和难点**

教学重点:使用积木块指令搭建简单项目。

教学难点:体会人机交互的概念。

◎ **教学过程**

一、创设情境

提问:同学们平时喜欢的游戏是什么? 启发学生思维,吸引学习兴趣。

二、新授技能

1. 口头指令游戏

第一步:两两组队,一人面对屏幕,一人背对屏幕。

第二步:发令者观察老师的线路图,使用 Scratch 指令指挥另一人从起点走至终点。

第三步:两人交换。

思考:游戏过程顺利吗? 其中产生了哪些问题?

总结:同学们与同伴进行指令游戏,首先需要了解游戏规则。思考、讨论在游戏过程中,哪些句子是指令;思考指令的意义是否明确,对同伴的执行是否有影响;通过这个游戏体验指令意义要明确的重要性。

2. 十个积木块

尝试只用以下十个积木块创作一个作品:

"显示""隐藏"说'……'秒""将角色的大小设定为……""移到 X…Y…""在…秒滑行到 X…Y…""播放声音直到完毕""等待…秒""当角色被点击""重复……次"。

三、分享学生作品，进行指导

学生使用软件进行创作，使用限定的十个积木块创作出不同的作品。指令的不同组合让作品产生了多种不同的结果。帮助学生理解顺序和排列对指令的执行很重要。调动学生探索学习的积极性。

课例 4　海底两万里

◎　**教学目标**

1. 知识与技能

① 学会编写简单的演示程序。

② 掌握左右移动的脚本编写。

③ 完成《海底两万里》的制作。

2. 过程与方法

① 体验图形化编程的一般过程，体会使用计算机编程的乐趣。

② 根据实际情况，调整程序脚本，经历不断修改优化程序的过程。

3. 情感态度与价值观

① 通过简单编程的搭建，体验指令对计算机的作用，理解计算思维，提升信息技术素养。

② 通过动手实践的过程，体会学习新知的乐趣。

◎　**教学重点和难点**

教学重点："海底两万里"程序的制作。

教学难点：熟练编写角色左右运动的脚本。

◎　**教学过程**

一、创设情境

观察程序作品《海底两万里》，思考它是如何制作而成的（海底两万里，各种鱼类、海底生物在海底漫游）。

二、新授技能

1. 启动软件新建角色

① 启动桌面上的 Scratch 软件。

② 从角色库里添加多种鱼类作为多个角色。

③ 设置与海底世界相符的背景。

2. 为程序的角色编程

① 搭建代码使小鱼可以在舞台左右移动。

② 思考左右重复移动的脚本应该怎样编写。

小技巧：通过复制第一个鱼的角色可以快速生成多个相同的鱼。

3. 拓展提升

① 改变鱼类的大小或外观，在视觉效果上产生多种不同的鱼类。

② 海底还可以添加石头、水草等角色。

③ 可以尝试添加解释说明，变成一个故事片程序。

三、分享学生作品，讨论交流，教师点评

四、作业布置

尝试为《海底两万里》添加深海潜水员并编辑相应的脚本；继续完成这个程序，记录运行效果。

课例 5　简单几何画图

◎　**教学目标**

1. 知识与技能

① 认识 Scratch 画笔工具。

② 掌握画笔工具的使用方法。

③ 能够绘制出简单的几何图形。

2. 过程与方法

① 通过观察，掌握 Scratch 画笔工具的使用方法。

② 动手绘制出简单的几何图形。

3. 情感态度与价值观

① 通过学习计算机绘图，体验绘画的乐趣。

② 通过与他人合作的过程，体会团队合作的重要性。

◎ **教学重点和难点**

教学重点：Scratch 画笔工具的使用。

教学难点：结合数学公式绘制几何图形能力。

◎ **教学过程**

一、创设情境

提问：本节课我们来学习 Scratch 中画笔工具的使用。启动软件，找到画笔工具，说说你看到了哪些积木？

二、新授技能

1. 观察 Scratch 画笔工具

① 画笔工具在模块中是绿色模块的积木。

② 画笔类的积木种类有："清空""图章""抬笔""落笔""设置画笔的颜色""色度""粗细"等。

③ 学生观察、思考、动手实践。

同学们猜一下，用画笔画一条横线，要用哪一个积木呢？

2. 画一条一定长度的横线

① 点击角色，依次将积木区的"落笔""移动 100 步"拖曳进编辑区，运行试看效果。

② 搭建，看运行效果。

③ 思考：要让角色开始画画，必须添加"落笔"，试把"落笔"移去，看角色还能画出横线吗？

3. 拓展提升——画一个正方形

思考：将正方形分解，其可由四条线段组成，相互角度 90°。

尝试用画笔画出一个正方形。

三、小结与作业

① 如果让你画一个每条线段颜色不同的正方形，怎么搭建脚本？

② 如何简化你的脚本，用最少的积木画出正方形？

课例 6   乌鸦喝水

◎ **教学目标**

1. 知识与技能

① 理解动画的概念。

② 模仿《乌鸦喝水》，编写一个故事剧本，设计人物角色。

③ 使用 Scratch 制作简单的动画。

2. 过程与方法

① 通过观察分析，思考动画制作背后的原理。

② 通过设计角色和剧本，体会当小导演编导故事的过程。

3. 情感态度与价值观

① 通过简单编程的搭建，体验指令对计算机的作用，理解计算思维，提升信息技术素养。

② 通过动手实践的过程，体会学习新知的乐趣。

◎ **教学重点和难点**

教学重点：学会故事脚本创作，并继续完善；练习以 Scratch 为工具演绎故事的能力。

教学难点：创编一个完整的动作。

◎ **教学过程**

一、创设情境

观看 Scratch 作品《乌鸦喝水》，说说这一段动画讲述了一个什么故事。

二、新授技能

1. 分析故事人物，设计简单的剧本

① 确定故事情节。

② 确定故事中的人物角色。

③ 根据预想中的故事写一段文字剧本，包括场景、人物和情节。

请你尝试根据作品《乌鸦喝水》做一个小的改编。

2. 绘制场景

① 学习了编写简单的故事剧本之后，我们开始学习绘制角色和场景。

绘制一个简单的平地背景，在舞台下方背景中第一张图里拖出两个矩形，分别填充颜色。

示意图

试着绘制太阳、白云等点缀背景。

② 尝试绘制《乌鸦喝水》动画片中的场景。

示意图

3. 绘制人物

① 绘制戴眼镜的老爷爷。

首先绘制人脸，将脸上的各个图形组合起来；通过图形组合的方式，分别绘制身体和四肢。

② 尝试绘制《乌鸦喝水》中的乌鸦。

三、分享交流

学生分享作品并讨论交流。教师点评，组织学生从创意说明、成功经验、存在问题、改进方法四个方面进行分享与交流。最后教师对作品进行点评。

课例 7　弹球游戏

◎　**教学目标**

1. 知识与技能

① 学会编写使用鼠标控制的交互程序。

② 掌握弹球游戏的编程原理。

③ 完成游戏的制作。

2. 过程与方法

① 体验图形化编程的一般过程,体会使用计算机编程的乐趣。

② 根据实际情况,调整程序脚本,经历不断修改优化程序的过程。

3. 情感态度与价值观

① 通过简单编程的搭建,体验指令对计算机的作用,理解计算思维,提升信息技术素养。

② 通过动手实践的过程,体会学习新知的乐趣。

◎　**教学重点和难点**

教学重点：弹球游戏的创编；使用鼠标控制交互程序。

教学难点：创编一个完整的动作。

◎　**教学过程**

一、创设情境

观察游戏,分析游戏原理。移动弹板,小球若碰到弹板则向上反弹,若掉落地面则结束游戏。

二、新授技能

1. 启动软件新建角色

① 启动桌面上的 Scratch 软件。

② 通过绘制,创建弹板和小球两个角色。

③ 设定弹板和小球初始位置。

2. 为两个角色编程

① 搭建代码使弹板只左右移动。

② 搭建小球代码。

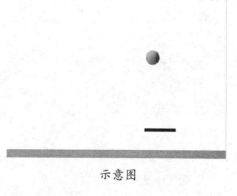

示意图

要求：球在程序启动时总是位于弹板上方，角度在 135°—225° 中随机出现；方向随机选择好后，让球一直移动；当碰到弹板时，方向改变方向后继续移动。

三、拓展提升

如果把弹板变成乒乓球拍呢？

尝试把原来的弹板变为乒乓球拍造型，增加游戏趣味性。

四、学生分享作品并讨论交流，教师点评

课例 8　接苹果游戏

◎　**教学目标**

1. 知识与技能

① 学会编写可以使用按键的交互程序。

② 根据程序的需要设计角色、绘制角色。

2. 过程与方法

① 体验图形化编程的一般过程，体会使用计算机编程的乐趣。

② 根据实际情况，调整程序脚本，经历不断修改优化程序的过程。

3. 情感态度与价值观

① 通过简单编程的搭建，体验指令对计算机的作用，理解计算思维，提升信息技术素养。

② 通过动手实践的过程，体会学习新知的乐趣。

◎　**教学重点和难点**

教学重点：学会故事脚本创作，并继续完善；练习以 Scratch 为工具演绎故事的能力。

教学难点：创编一个完整的动作。

◎　**教学过程**

一、情景导入

接苹果游戏想必大家都很熟悉，那么想过自己做出一个接苹果游戏来吗？

观察这个程序的界面，可以发现游戏有多少个背景？多少个角色？

游戏界面是否还有其他元素？

界面示意图

二、新授技能

1. 基础准备

① 新建文件，创建空角色，把素材分别导入到文件中。

② 为显示游戏的得分，还要创建一个变量。

③ 初始时把小车角色移到舞台下方。

2. 编辑小车的脚本

① 编程：按下左键，小车向左移动 30 步；运行试看效果。

② 编程：按下右键，小车向右移动 30 步；运行试看效果。

③ 让以上脚本重复执行。

3. 编辑苹果的脚本

① 运用克隆工具，克隆苹果 30 次。

② 使苹果依次从不同垂直位置下落，间隔时间不等。

③ 下落的苹果产生两种情况，依次编程。

三、展示与分享

教师组织学生从创意说明、成功经验、存在问题、改进方法四个方面进行展示与交流，对作品进行点评。

（本章执笔：杨丽莎）

第六章
进入学科：STEAM 课程的智慧

OM 模式是一种全新的培养学生创造能力的教学模式。为了更有效地解题，社会上的每一个有一技之长的人都可以成为教练或老师；家庭中的许多废物可以作为教学用具；解题的内容大多采用社会生活的热点；学生在 OM 活动中所用到的知识一部分来自传统教育，一部分源于社会生活。OM 模式要求动脑与动手相结合、社会科学与自然科学相结合、科学与艺术相结合。将 OM 模式引入中学课堂，有助于学生创新精神和创造能力的培养。

在全国实施创新驱动发展战略和推进大众创业、万众创新的浓浓氛围中，教育也必然融入其中，并把培养学生的创新精神和实践能力作为重点。OM活动正是在这样一个大背景下应运而生的。"OM"是头脑奥林匹克（Odyssey of the Mind）的简称，它始终贯穿一个宗旨：让我成为知识的探索者！让我在未知的道路上漫游！让我用我的创造力把世界变得更美好！

课程纲要　思维与创意相伴

21世纪，对学生进行创新能力的培养不仅是推动素质教育深入发展的关键，更是面对知识经济挑战的必须之举。OM就是这样一种融自然科学、社会科学、艺术于一体的、动手动脑相结合的课外活动，它的核心宗旨就是培养学生的创新能力。在OM活动过程中，社会一切可调动的人力、物力都将成为教学活动的组成部分，让学生体验创造的经历、获得创造的乐趣、掌握创造的方法。OM提倡的一系列精神，如与众不同、敢于创新、不甘落后、团结合作等精神，都是新世纪人才所必备的素质。

一、课程背景

我校是嘉定区科技特色学校，也是区科技创新项目示范校。学校在开展传统的科技活动的同时，与时俱进，从2011年开始，积极参加与国际接轨的头脑奥林匹克活动。头脑奥林匹克是一项国际性的培养青少年创造力的活动，旨在提高参赛者的综合素质，鼓励青少年大胆创新、动脑动手、团结协作和重在参与。学校在2012年编辑出版了《动脑动手又动口》的初级版校本教材；在2015年荣获第28届中国OM决赛初中组第一名，同年在美国捧得第36届世界OM决赛初中组亚军奖杯；在2018年，荣获第31届中国OM决赛初中组第一名。"难忘的经历，永远的收获"是参赛同学的一致感受。OM在学校深受同学们的喜爱，影响力日益扩大，因此有必要在六、七年级开设"OM即兴题"课程，使OM比赛由少数人参加变广大同学都能受到教育，由少数人获益变大多数同学都有收获，而且为学校参赛选手的选拔提供深厚的基础和更好质量的筛选。

OM 活动的题目分两种类型：长期题和即兴题。"OM 即兴题"课程主要围绕即兴题开展一系列活动。本课程的理念是：让学生动脑、动手又动口，培养一批具有创新能力、独立思考能力和实践能力的学生。因此本课程的开设，既是 OM 活动本身所具有的魅力所致，同时也顺应了社会发展的需要。

二、课程目标

① 在理解的基础上，借助对身边事物的观察和联想，运用图形、工具等追求新颖独特的解题结果，提高探究和创新能力。

② 自主组队参与即兴题的解题，在解题中学会学习，发挥个人特长并互相协作，追求团队的最佳智慧。

三、课程内容

OM 比赛的即兴题具有取材简便、用时不多、花钱少的特点，而且不需要大的比赛场地，学生人人都能参与。鉴于该活动的特点和本校学生的实际情况，我们制定了"OM 即兴题"课程的三个模块。

模块 1：语言类即兴题

语言类即兴题会以不同的形式出现：有的要求列举各种事物；有的要求对事物作出评论，或对事物进行即兴创作；有的要求参赛学生运用图画或道具表演一个小品或讲接龙故事；有的要求参赛学生在规定的时间内回答的数量越多越好；有的规定了回答数量……总之，要有更多的创造性回答。

1. 主要目标

鼓励学生努力学习各类知识，展开丰富的想象，学会简练而幽默的表达，增强思维的流畅性、灵活性和独创性。

2. 具体内容

（1）"太小"的回答

（2）如果我能去任何地方

本模块设 2 课时，每个内容 1 课时。

规则：1分钟时间思考，4分钟回答。评分：每个普通回答得1分，每个创造性回答得5分。

除了以上两个题材外，我们还可以选择更多不同题材、不同类型的语言类即兴题作为课时内容，以学生为主体，全班或分组进行学习、训练、总结和讲解。

模块2：动手类即兴题

动手类即兴题要求学生根据题目要求，运用提供的材料设计有效解题方案，通过创造性解题，体现结果的完满程度。动手类即兴题种类多样，题材广泛，根据分析归纳，大致有结构类、物流类、连接类等。

1. 主要目标

学生借助气球、冷饮棒等材料，围绕题目展开讨论，设计解决方法，通过体验过程，提高创新能力、动手实践能力和合作精神。

2. 具体内容

（1）放置硬币

（2）信号与图形

本模块设4课时，每个内容2课时。

规则：6分钟时间讨论和解题。计分：根据解题的创造性计1—15分，根据解题时的合作程度计1—10分。

模块3：混合类即兴题

语言动手混合类即兴题就是把上述两部分结合起来，既要回答又要动手。语言动手混合类即兴题同样形式多样，内容广泛，要求学生用语言和动手相结合来创造性解决问题。

1. 主要目标

学生学会用准确、幽默和富有想象力的语言来表达题目，结合现场提供的材料（橡皮泥、吸管等），学会创造性地使用材料、设计作品，提高配合协调能力。

2. 具体内容

（1）手工创作

（2）编故事

本模块设4课时，每个内容2课时。

规则：7分钟时间讨论和解题。评分：根据制作物的创造性在1—10内计分,根据参赛队的合作度在 1—10 内计分,每个普通回答得 1 分,每个创造性回答得 5 分。

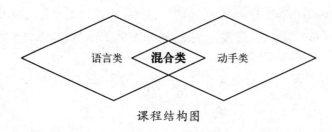

课程结构图

四、课程实施

头脑奥林匹克课程资源丰富,我们有"头脑奥林匹克活动丛书"中的《挑战创造力》《思潮澎湃》等书籍,这些书可以当作头脑奥林匹克即兴题的题库,里面的内容非常丰富,我们要做的是从不同类型、不同题材和不同形式中精心挑选并创编受益更多的课程内容。

"OM 即兴题"课程实施时间为一学期,共 6 个课例,每课例建议 2 课时,总计 12 课时,每课时为 40 分钟。具体实施方法如下:

(一)示范教学法

示范类教学方法是指教师向学生展示即兴题题目,组织学生直接接触实际事例,并通过感知获得感性认识,用所学的知识来解题。

在教学中,可以运用"头脑风暴法"对学生进行发散性思维的训练,让学生懂得答案有普通和创造性两种,引导学生向创造性方向思考。涉及动手类的,可以组织学生对材料的运用(材料的性质及材料与材料的切割组合)进行发散性思维的训练,让学生懂得在解题中对材料创造性运用的重要性。混合类的可以充分调动学生的手、口、脑,将动手、动口、动脑结合起来,同时发挥小组各个成员的智慧与力量,合作互助,共同完成任务。

教师利用课程内容在全班先进行示范教学,举例子将题目分解,然后分小组进行思考讨论,呈现各组讨论结果,教师进行评价,最后还可以给学生展现他人已经形成的比较典型的普通回答和创造性回答,以供学生对照参考。

（二）尝试学习法

在经过即兴题三种类型的课程学习后，学生已具备初步的解题能力，能初步分解、思考给出的题目，找出解题的方法与途径。接下来仍以小组为单位，在全班举办真刀真枪的即兴题比赛，也算作汇报展示，以检验学习的收获和成效。具体环节有：

① 对给定的题目进行分析讨论，提出详细而具体的解决方案，分块细化成任务单。

② 明确分工，并选定对象。由于创造力是一种复杂的智力活动，表现形式多样，小组成员中的天赋、兴趣不同，因此可以将细化以后的任务单分给相符的成员，以期获得最佳成果。

③ 思考可能的操作方法。各个成员领到任务后，发挥自己的智慧与力量，先完成自己的任务单，然后再整合起来，进行整体的演绎。

④ 在班级中进行汇报展示自己的作品，同时观摩其他小组的作品，取长补短，并修正自己的作品。

五、课程评价

"OM即兴题"课程的特点是以任务（问题）为出发点，鼓励学生主动学习各类知识，对感兴趣的学科深入钻研；在学习课程时，强调"过程比结果重要，成长比成绩重要"，强调"动脑与动手相结合"，强调个人特长的发挥要融入团队合作中；任务（问题）的完成没有标准答案，只有更好，没有最好，分数（成绩）的高低取决于团队创造力发挥的程度。我们从学生参与学习的过程和竞赛这两方面进行评价。

（一）过程性评价

每个课程都有一个学习过程，本课程对学生在过程中的表现进行评价，如在学习态度、参与情况、学习品质、创新情况等方面形成评价量表，分为"很好""不错""还需加油"等指标，并加入自评、互评和师评，使评价公证、合理。

"OM 即兴题"课程过程性评价表

指标 要素	很好 （80—100 分）	不错 （60—79 分）	还需加油 （59 以下）	自评	互评	师评
学习态度	我的学习态度好，并能主动帮助他人。	我的学习态度较好，有时帮助他人。	我没兴趣参加小组活动。			
学习品质	我能仔细分析题目，分解任务，形成细化的任务单，形成优秀的活动方案；能巧妙运用材料来解题。	我能与成员一起分析解题，在别人的帮助下运用材料解题。	我只是参加活动，并不能分析题目，材料运用也不太合理。			
参与情况	我积极参与每次学习活动，能与小组成员一起制定活动方案，细化任务单，主动承担任务。	我能参与活动，多数活动别人主持，活动基本达到预想的目的。	我不主动参与活动，任务单都是被人制定的。			
合作交流	我积极参与活动，在明确分工的基础上共同承担任务，能很耐心倾听别人的意见和建议，能与别人共享自己的观点与想法。	我能参与活动，能在明确分工的基础上共同承担任务，能完成自己的任务，能提出自己的想法。	我不太愿意参加小组活动，与同伴很少进行分享，不愿意承担任务。			
搜集处理信息	我能熟练使用多种方法搜集、处理信息。	我会用多种方法搜集、处理信息。	我搜集、处理信息的方法单一，或不会搜集、处理信息。			
创新情况	我的成果丰富，即兴题答案有很多属于创造性回答，动手题中有我自己独到的观点，设计的作品富有创造性。	我基本达到活动目的，即兴题答案中普通回答较多，动手题中有我自己的观点。	我没有达到学习目的，不能很好地完成即兴题和动手提，没有自己的观点。			

（二）竞赛性评价

本课程分三个模块学习：语言类、动手类和混合类即兴题。每个模块结束时，都可以进行竞赛，将学生学习的成果进行展示，按小组进行竞赛，从而激发学生的学习兴趣，以更大的热情投入到下阶段的学习中。从"解题时间""普通回答""创造性回答""制作物的创造性""参赛队的合作度"等方面进行评价。每组出一名代表作为裁判，参与打分。

打分标准：

① 解题时间：在规定时间内完成的，每队得 20 分，若提前完成则再加 10 分。

② 普通回答：每个普通回答得 1 分。（得分上不封顶）

③ 创造性回答：每个创造性回答得 5 分。（得分上不封顶）

④ 制作物的创造性：根据实际情况在 1—20 内计分，满分 20 分。

⑤ 参赛队的合作度：根据队员的合作度，分为"一般"（在 1—8 内计分）、"较好"（在 9—13 内计分）、"很好"（在 14—20 内计分）。

在以上评价中都要求学生撰写学习心得、体会、收获和不足，通过学习过程中的自我对比，发扬优点，克服缺点，不断进步。

课程图谱　理想与实践冲撞

通过 OM 科目的开发与实施，进一步促进学校 OM 活动的普及化和校本化，扩大学生的参与面，在前人的基础上进一步完善本校 OM 课程体系。以 OM 科目为重要抓手，开设学生喜欢的课程，落实学校创造教育的理念，进一步传承和发展学校的 OM 特色，推进素质教育和新课程改革。通过 OM 教学中引入 OM 的创新、合作、实践等因素，优化教学过程，改善教学方式，提升学科的育人价值。

动手类即兴题结合现场提供的材料橡皮泥、吸管等，学会创造性地使用材料、设计作品。

借助气球、冷饮棒等材料，围绕题目展开讨论，设计解决方法，通过体验过程，提高创新能力、动手实践能力和合作精神。

充分调动学生的手、口、脑，将动手、动口、动脑结合起来，能准确评估各类材料经加工后所能实现的功能，例如承受重量、伸展高度等，并进行合理量化，从而确保在解题过程中能合理使用各类材料。

在"放置硬币""估测距离"题目中，利用力学等物理原理，对简单的材料进行创造性加工、组合，使之成为符合题目要求的装置，并完成相应的功能。

Science 科学探究

Math 数学分析

S.T.E.A.M.

奇思妙想OM

Technology 科技技术

Art+ Design 艺术灵感

Engineering 工程设计

在语言类即兴题中，学生用幽默、夸张的语言，具有表现力的肢体动作，赋予简单的内容以生动、引人入胜的表达。

"OM即兴题"课程 STEAM 元素结构图

学习手册 探索与研究融合

课例1 "太小"的回答

一、教学内容分析

本课内容分六部分。第一部分，学生自愿组队，进行第一轮尝试性解题，部分学生担任裁判读题，其他人静静地观看、思考或做些记录。第二部分，解题学生、裁判、旁观者针对第一轮解题依次展开讨论，对解题过程中出现的问题，对解题内容的分析和延展进行头脑风暴。第三部分，老师讲解题目内容的要点，重点关注题目中的要求以及针对性的解题策略，同时提问：在不同情境下出现的"太小"事物所产生的特殊效果。在学生回答后，用PPT加深理解。当思维遇到阻隔时，引导学生观察现场的环境、事物来寻找解题的突破口；并通过各种表达方式，比如幽默、夸张、声情并茂等,提升解题内容的表现形式,从而达到特殊效果。第四部分,在全班学生(除进行过尝试性教学演示的学生外)主动要求下组队上台开展提高性教学演示(读题、解题),其他人静静地观看、思考或做些记录。第五部分,全班进行解题评价和总结。上过尝试性和提高性教学演示的学生和其他学生对解题结果、解题的创造性以及解题过程中团队的合作程度进行自评和互评,教师进行师评。然后师生进行总结:如何确保正确理解题意?如何正确把控规则的运用?解题过程中如何给出更多的创造性回答?小组成员的分工合作及组长的作用如何?等等。第六部分,要求学生自主模拟出题,教师挑选部分内容在学生中进行拓展训练,巩固学生对思维方式的理解和运用。本课例建议 2 课时。

二、教学准备

教学 PPT(列举尽可能多的思维方向及方法)。

三、教学目标

① 了解语言题的结构,快速理解、掌握、运用题目的关键要素。

② 学会多维度思考,学会利用周边环境,学会各种表达技巧。

③ 学会相互尊重,懂得努力合作才能高质量完成任务的重要性。

四、教学重点

解题后的互评、总结和引导对于增强学生诸多能力至关重要。

五、教学过程

A. 当学生走进教室时,告诉他们:"这是一道语言类即兴题。你们有 1 分钟的时间选择 5 名队员解题。其他人必须坐在这些座位上观看(手指座位)或离开房间。他们不能以任何方式参与解题。"

B. 裁判向队员宣读(括号里的文字不读):

① 你们有 1 分钟时间思考,4 分钟回答。你们可以向裁判提问,但计时继续。任何时间队员们都不能交谈。

② 每个普通回答得 1 分,每个创造性回答得 5 分。

③ 你们每个人有 7 张卡片。所有人按顺序回答。在你回答好之后,你必须把一张卡片放在盒子里(指着盒子)。

④ 回答要清晰响亮。一旦计时开始,就不会停止。

⑤ 回答不得重复,也不可以打乱顺序。如果一名队员回答不出,参赛队的解题过程就会停顿。

⑥ 时间到或卡片用完，解题结束。

⑦ 你们的问题是：说出一些太小的物品的名称并说明原因。例如，你可以说："我的胃——我想要更多的地方容纳甜品。"

C. 仅供裁判阅读：

① 第一支参赛队比赛前，裁判们应讨论并实践解题。你们可以做一些适用于所有参赛队的决定。

② 向参赛队朗读前，放两份题目复印件，让所有队员都能看到。在比赛期间，参赛队可以参考。

③ 给每名参赛队员发一套 7 张未标号的卡片。每套卡片都不同，如不同颜色或不同形状等。确保每名参赛队员在每次回答后，将 1 张卡片放入盒内。

④ 在所有队员碰得到的地方放置一个盒子。确保盒子开口足够大，能放入所有 35 张卡片。

⑤ 如果参赛队员少于 5 人，每名参赛队员仅得到 7 张卡片，其他卡片则不再使用，并确保将此记录在评分表上，例如："仅有 4 名参赛队员。"（这也将改变所有可能的回答总数）

⑥ 确保给参赛队 1 分钟时间思考，4 分钟时间回答。计时要准确。在时间结束时，正在答题的队员可以回答完并给予评分。

⑦ 评分：每个普通回答得 1 分，每个创造性回答得 5 分。

⑧ 普通回答举例：

典型的被认为太小的事物："我的背包——它没法装下我所有的书。""我碗里的果冻——我总能吃下更多。""曲奇罐——我总是饿。""极小的印刷字体——我不知道我写了什么。""我的补贴——我想买更多的衣服。""课间休息——我不想去上课。""暑假的天数——我想呆在家里更久些。""一瓶苏打水——我渴了。""高尔夫球场的球洞——很难把球打进去。""我刚出生的小弟弟——我想和他打篮球。""我苹果手机的屏幕——看书太困难了。""这些鞋子——它们使我太难受了。"

⑨ 创造性回答举例：

独特的或幽默的回答："我的银行账户余额——我需要一辆新车。""我钢笔里的墨水量——不足以写完我所有的好主意。""那位老太太的鞋子——她所有的孩子都不能穿。""我最爱的运动队——我的座位总是距离太远。""我的架子——我没法放下所有我已赢得的头脑奥林匹克的奖杯。""我朋友的想法——她拒绝看大的图片。""我电脑的硬盘——那里存放着我所有的创意。""我收集的头脑奥林匹克的徽章——因为你永远不能有这么多。""我的狗——如果窃贼来我家会发生什么呢?"

注意:如果队员给出的回答和前一个回答相同或非常相似,这个回答算作普通回答。队员无需做出解释,或给出一个不同的回答。只有在你没有听清的情况下,要求队员再重复一遍回答。不要打断队员答题,计时继续。

附:裁判员计分样式

"太小"的回答

即兴题_____ 组别:I Ⅱ Ⅲ Ⅳ

队员名字_____ 队员编号_____

裁判_____

少于 5 人的参赛队人数_____

注:所有裁判的这一数字应相同,并不能超出参赛队上交卡片的数字。

表一

普通回答数	创造性回答数
总数	总数
总回答数	

表二

裁 判 姓 名	普 通 回 答	创造性回答
总数:	A.	B.

A. 普通回答……………………………………×1 =

B. 创造性回答…………………………………×5 =

C. "A＋B"总和…………………………………………… ＝

D. "C"除以裁判人数…………………………… ÷ ＝

最终得分

（"D"分值）

课例 2　如果我能去任何地方

一、教学内容分析

本课内容分六部分。第一部分，学生自愿组队，进行第一轮尝试性解题，部分学生担任裁判读题，其他人静静地观看、思考或做些记录。第二部分，解题学生、裁判、旁观者针对第一轮解题依次展开讨论，对解题过程中出现的问题，对解题内容的分析和延展进行头脑风暴。第三部分，老师讲解题目内容的要点，重点关注题目中的要求以及针对性的解题策略，同时引导如何给出一个有意义的回答，比如，"你为什么要去那个地方？""你去到的那个地方有什么积极意义？""你去到的是怎样一个不可思议的地方？""你是通过何种方式去到那个地方的？"……针对题干，寻找不同的突破口来发挥解题，并强调通过表达方式的运用来增强解题效果。第四部分，全班学生自行组队，进行提高性教学演示（读题、解题），其他人静静地观看、思考或做些记录。第五部分，全班进行解题评价和总结。上过尝试性和提高性教学演示的学生和其他学生对解题结果、解题的创造性以及解题过程中团队的合作程度进行自评和互评，教师进行师评。第六部分，要求学生自主模拟出题，教师挑选部分内容在学生中进行拓展训练，巩固学生对思维方式的理解和运用。本课例建议 2 课时。

二、教学准备

例题训练，创造性回答举例。

三、教学目标

① 了解语言题的结构，快速理解、掌握、运用题目的关键要素。

② 学会多维度思考，分解简短的题目，并多方面延展，获得更多的解题信息，从而培养大局观和对问题的预判能力。

③ 培养团队精神，学习从同伴给出的信息中获得灵感并进行重新整合形成自己的金点子。

四、教学重点

解题后的互评、总结和引导对于增强学生诸多能力至关重要。

五、教学过程

A. 当学生走进教室时，告诉他们："这是一道语言类即兴题。你们有 1 分钟的时间选择 5 名队员解题。其他人必须坐在这些座位上观看（手指座位）或离开房间。他们不能以任何方式参与解题。"

B. 裁判向队员宣读（括号里的文字不读）：

① 你们有 1 分钟时间思考，4 分钟回答。你们可以向裁判提问，但计时继续。**任何时间队员们都不能交谈。**

② 每个普通回答得 1 分，每个创造性回答得 5 分。

③ 你们每个人有 7 张卡片。**所有人按顺序回答。在你给出一个回答后，将 1 张卡片放在盒子里**（指着盒子）。

④ 回答要清晰响亮。一旦计时开始，就不会停止。

⑤ 回答不得重复，也不可以打乱顺序。如果一名队员回答不出，参赛队的解题过程就会停顿。

⑥ 时间到或卡片用完，解题结束。

⑦ **你们的问题是，完成这句话："**如果我能去任何地方，我会去_____因为_____。"例如，你可以说："如果我能去任何地方，我会去我祖母的家乡因为我可以更了解她的一生。"**回答时句子必须完整。**

（重复黑体字部分。开始时说："我再重复一遍。"）

C. 仅供裁判阅读：

① 第一支参赛队比赛前，裁判们应讨论并实践解题。你们可以做一些适用于所有参赛队的决定。

② 向参赛队朗读前，放两份题目复印件，让所有队员都能看到。在比赛期间，参赛队可以参考。

③ 摆放 1 份有句子的复印件，让所有队员都能看到。

④ 给每名参赛队员发一套 7 张卡片。每套卡片都不同，如不同颜色或不同形状等。确保每名参赛队员在每次回答后，将 1 张卡片放入盒内。

⑤ 在所有队员碰得到的地方放置一个盒子。确保盒子开口足够大，能放入所有 35 张卡片。

⑥ 如果参赛队员少于 5 人，每名参赛队员仅得到 7 张卡片。其他卡片则不再使用，并将此记录在计分表上，例如："仅有 4 名参赛队员。"（这将改变回答的总数）

⑦ 确保给参赛队 1 分钟时间思考，4 分钟时间回答。计时要准确。在时间结束时，正在答题的队员可以回答完并给予评分。

⑧ 如果一个队员在回答时句子不完整，裁判可给予提醒，并让队员再次完整回答。计时继续。

⑨ 评分：每个普通回答得 1 分，每个创造性回答得 5 分。

⑩ 普通回答举例：

去一般或普通的"地方"："我会去海南因为那儿很暖和。""我会去迪士尼因为我想看米老鼠。"

⑪ 创造性回答举例：

意料之外或幽默的讲述："我会拜访未来的自己因为我想知道自己身上发生了什么事。""我会拜访太阳因为我想快速美黑。"

注意： 如果队员给出的回答和前一个回答相同或非常相似，这个回答算作普通回答。队员无需做出解释，或给出一个不同的回答。只有在你没有听清的情况下，要求队员再重复一遍回答。不要打断队员答题，计时继续。

附：裁判员计分样式

如果我能去任何地方
语言题

即兴题_____ 组别：Ⅰ Ⅱ Ⅲ Ⅳ

队员名字_____ 队员编号_____

裁判_____

注：所有裁判的这一数字应相同，并不能超出参赛队上交卡片的数字。

表一

普通回答数	创造性回答数
总数	总数
总回答数	

表二

裁 判 姓 名	普 通 回 答	创造性回答
总数:	A.	B.

A. 普通回答……………………………………×1＝

B. 创造性回答…………………………………×5＝

C. "A＋B"总和………………………………… ＝

D. "C"除以裁判人数…………………………÷ ＝

最终得分

（"D"分值）

课例3　放置硬币

一、教学内容分析

本课内容分六部分。第一部分,随机选几位学生组队进行尝试性教学演示(读题、解题)。部分学生协助担任裁判,其他人静静地观看、思考或做些记录。第二部分,解题者、裁判者、旁观者分别针对解题过程进行讨论。第三部分,老师讲解"放置硬币"内容的要点,引导学生通过解读题目发现问题,并培养学生提问的能力,通过提问获取更多有利的信息来帮助解题;同时,观察分析材料的特性,利用这些特性来进行解题。第四部分,部分学生自行组队进行提高性教学演示(替换部分解题材料,读题、解题),其他人静静地观看、思考或参与裁判并记录解题过程。第五部分,全班进行解题评价和总结:材料特性和材料使用的分析;小组成员的分工合作及组长的作用;解题期间合理分配时间等。第六部分,指导学生根据例题自编练习题并进行解题练习,加强对题目形式的理解掌握,提高解题能力。本课例建议2课时。

二、教学准备

动手题题目;教学用材料及备用材料。

三、教学目标

① 了解动手题的形式，学会快速理解题目的几个要素。

② 学会分析材料的不同特性并进行合理使用。

③ 学会团队协作，合理分工，培养团队领导能力。

四、教学重点

解题后的互评、总结和引导对于增强学生诸多能力至关重要。

五、教学过程

A. 当学生走进教室时，告诉他们："这是一道动手题。你们有 1 分钟的时间选择 5 名队员解题。其他人必须坐在这些座位上旁观（手指座位）。他们不能以任何方式参与解题。"

B. 裁判向队员宣读（括号里的文字不读）：

① 你们有 6 分钟时间讨论和解题。裁判会在还剩 2 分钟、1 分钟和 30 秒时提醒你们。你们可以向裁判提问，但计时继续。

② **你们的问题是：使用这些材料，让硬币停留在不同的位置**（指向硬币）。

③ **你们可以在解题时使用这些材料来帮助放置硬币**（指着材料）。不允许更改或损毁贴有标签的任何物品（指向标签）。

④ 你们可以在任何时候要求评分，但之后你们就不能再碰任何一个硬币了。

⑤ **侧立的硬币和那些未触及桌子的硬币将得到分数。**

⑥ **时间到或你们要求计分时，裁判将打分。**

⑦ **计分标准如下：**

a. 桌上侧立的硬币每个得 5 分。

b. 未触及桌子的硬币每个得 3 分。

c. 根据解题的创造性在 1—15 分内计分。

d. 根据团队的合作程度在 1—10 分内计分。

（重复黑体字部分，开始时说："我再重复一遍。"）

C. 仅供裁判阅读：

① 第一支参赛队比赛前，裁判们应讨论并实践解题。你们可以做任何必要的决定和（或）注意事项。所有决定必须适用于所有参赛队。

② 在第一支队伍比赛前,裁判应预先大声地试读题目。正式读题时,裁判应通过手指物品和演示动作来阐明问题。

③ 向参赛队朗读前,放两份题目复印件,让所有队员都能看到。比赛期间,参赛队可以参考。

④ 在桌上放置大小相同的 10 枚硬币,以供参赛队使用。

⑤ 在另一张桌子上放置以下物品供参赛队使用:

3 个金属回形针	1 个有黏性的邮寄标签	2 条 15 厘米的绳子
3 个小橡皮筋	5 根牙签	5 个棉球
2 张 A4 纸	1 块小正方形的橡皮擦	1 个木销子*

＊贴有黄色标签

⑥ 确保每个参赛队有 6 分钟时间解题。裁判应在还剩 2 分钟、1 分钟和 30 秒时提醒他们。

⑦ 每个硬币计分 1 次。如果一个硬币侧立在桌上,计 5 分。如果一个硬币未触及桌子,计 3 分。参赛队也可以简单地移动硬币,使其掉落在地板上以获取这个分数。

⑧ 在为**参赛队解题的创造性计分**时,要考虑材料的使用、方案的多样性和最后的解题。在为**参赛队合作程度计分**时,考虑所有队员的参与度:参赛队员各自尽责吗? 分享主意了吗? 队员尊重他人的说法吗?

⑨ 如果参赛队明显没有理解题目,你们可以向他们讲清题目要求和限制条件。**不要向他们提示如何解题的方法。**

⑩ 本题较适用于低龄组。

附:裁判员计分样式

即兴题＿＿＿＿＿＿＿＿＿＿＿＿＿＿＿＿＿＿＿＿＿＿ 组别: I II III IV

队员名字＿＿＿＿＿＿＿＿＿＿＿＿ 队员编号＿＿＿＿＿＿＿＿＿＿＿＿

裁判＿＿＿＿＿＿＿＿＿＿＿＿＿＿＿＿＿＿＿＿＿＿＿＿＿＿＿＿

1. 参赛队解题的创造性(1—15 分)··················

2. 参赛队解题的合作程度(1—10 分)··················

3. 未触及桌子的硬币数＊··························

4. 侧立在桌子上的硬币数＊·······················

＊所有裁判的数字应相同

裁 判 姓 名	参赛队解题创造性	参赛队合作程度
总数：	A.	B.

A. 参赛队解题的创造性……………………………………

B. 参赛队解题的合作程度……………………………………

C. "A + B"总分…………………………………… =

D. "C"除以裁判人数………………………… ÷ =

E. 未触及桌子的硬币数……………………… ×3 =

F. 侧立在桌子的硬币数……………………… ×5 =

G. 总分("D + E + F")……………………………………

最终得分

（"G"分值）

课例4　信号与图形

一、教学内容分析

本课内容分四部分。第一部分，随机选几名学生组队进行尝试性教学演示（读题、解题），其他人静静地观看、思考或作些记录。第二部分，老师讲解"信号与图形"内容的要点（从五个方面），用所给的材料建立一个隐蔽而高效的联络系统，同时提问：就你们所知，世界上有过哪些通讯联络系统（方法）？在学生回答后，用PPT加深理解。推荐学生观看《风语者》电影或讲此故事。第三部分，在全班学生（除进行过尝试性教学演示的学生外）主动要求下组队上提高性教学演示（读题、解题），其他人静静地观看、思考或做些记录。第四部分，全班进行解题评价和总结。上过尝试性和提高性演示的学生和其他学生对解题结果、解题的创造性以及解题过程中团队的合作程度进行自评和互评，教师进行师评。然后师生进行总结：如何确保正确理解题意？如何分析材料的特性和材料的使用？如何利用材料创设高效的通讯联络系统？如何确定小组成员的分工合作及组长的作用？等等。本课例建议 2 课时。

二、教学准备

教学 PPT（列举尽可能多的各种通讯联络方法）；教学用材料。

三、教学目标

① 了解通讯联络的相关知识，学会快速理解题目的 5 要素。

② 学会利用材料的不同组合设计通讯的密码。

③ 学会相互尊重，懂得努力合作才能高质量完成任务的重要性。

四、教学重点

解题后的互评、总结和引导对于增强学生诸多能力至关重要。

五、教学过程

A. 在学生进入教室后，告诉他们："这是一道动手题。参加比赛的 5 名队员请上前到比赛区（手指区域）。其他队员必须安静地坐在这些座位上观看（手指座位）。他们不能以任何方式参与解题。"

B. 裁判向队员宣读（括号里的内容不读）：

① 这道题目分为两部分。在第一部分，你们有 3 分钟时间讨论和制定解题策略，你们可以向裁判提问，但计时继续。在第二部分，你们有 5 分钟时间测试解题，相互间不能说话。在每一部分时间还剩 1 分钟和 30 秒时，裁判会提醒你们。

② **你们的问题是：发信号给参赛队员，用积木堆搭图形**（手指积木）。

③ **你们用这些材料创设一个信号传递系统**（手指材料）。你们只能使用这些材料进行沟通。不允许制造声音或利用人体动作。

④ 在第一部分，给你们一张上面有举例图形的练习卡。你们可以交谈，决定如何进行沟通。可以按你们的想法进行练习，但不能改变现场或损坏任何材料。

⑤ **在第一部分结束前，你们可以选择 2 个队员当信号手。他们在第二部分时必须站在信号手桌子后面**（手指桌子）。

⑥ 剩下的队员当堆搭者。他们将根据信号，按要求用积木堆搭图形（演示举例积木的堆搭）。他们在每个胶带区域堆搭一个图形。

⑦ 第一部分结束时，裁判把积木放回盒子，把带有图形的比赛卡交给信号

手。堆搭者到那张桌子(手指桌子)，信号手到这张桌子的后面(手指桌子)。

⑧ **在第二部分时，你们不可以交谈。**

⑨ 信号手可以用任何方法使用这些材料，但他们不能制造声音或利用人体动作引导堆搭者。有 5 个不同的图形要堆搭。

⑩ **当时间到或完成所有图形的堆搭和你们要求计分时，比赛结束。**

⑪ 计分如下：

a. 每个正确的图形得 5 分。

b. 解题时参赛队的合作程度得 1—15 分。

c. 解题的创造性得 1—10 分。

(在大声宣读完赛题后，重复黑体字部分。重复前说："我再宣读一遍。"在重复黑体字部分后说："第一部分练习时间开始。"到第二部分时说："第二部分解题时间开始。")

C. 仅供裁判阅读：

① 在第一支参赛队比赛前，讨论并实践解题，制定必要的决定或注意事项。这些决定对所有参赛队的评判必须保持一致。

② 在第一支参赛队比赛前，要用响亮的声音练习朗读比赛题。在向参赛队宣读时，裁判应该通过指点物品来说明问题。

③ 在向参赛队宣读前，放两份题目复印件，让所有队员都能看到。在比赛期间，参赛队可以参考。

④ 把练习卡和比赛卡剪下来，用胶水把它们粘贴在卡纸、发泡塑料或任何其他坚固的材料上，或者用透明的玻璃纸把它们封起来。

⑤ 在地面上贴一根胶带线，信号手要站在线后。线的两边各放一张桌子，胶带线可以比桌子的长度更长。一张桌子供信号手使用，另一张桌子供堆搭者使用。

⑥ 盒子里放 30 块积木。它们可以是 5 厘米×5 厘米的木块，或玩具字母木块等。在参赛队进入房间前和在第二部分开始前，确保盒子都放在堆塔者桌上，所有积木都在里边。

⑦ 给参赛队发信号的材料有：

1 块乒乓球拍，1 只乒乓球，1 只铃铛，2 支铅笔，1 只塑料杯，1 只纸盘，1 本厚精装书，1 面小旗或任何种类的一块面料。

确保有备用品以应付物品意外损坏的情况。

⑧ 确保参赛队在第一部分有 3 分钟练习时间,在第二部分有 5 分钟解题时间。每部分在时间还剩 1 分钟和 30 秒时要提醒参赛队。

⑨ 在第一部分开始时给参赛队练习卡。

⑩ 在第二部分开始前,把积木放回盒内,把练习卡收回。

⑪ 在第二部分开始前,确认参赛队分成 2 队,然后把比赛卡交给信号手。

⑫ 确认信号手站在桌子后面。他们不可以利用人体动作或制造噪声,例如指点、眨眼、咳嗽等。如果一个参赛队开始时并没有用积木竖直堆搭,那要提醒他们怎么做。如果参赛队堆搭的图形像镜子中的图像,而不是卡片上的图形,这是允许的。

⑬ 如果一个信号手违反规则,第一次要提醒参赛队,告诉他们这是不允许的。如果继续,就把那些违反规则堆搭的积木取走。如果一个信号手无意中产生了动作或噪声,那不能算是一个信号,可以忽略它。

⑭ 在为参赛队解题时的合作程度计分时,要考虑所有队员的参与程度:是否尊重他人的付出,是否轮流做事,是否开发出一些系统或类型等。在为解题的创造性计分时,要评价参赛队的策略以及他们是如何利用信号物品去联络的。

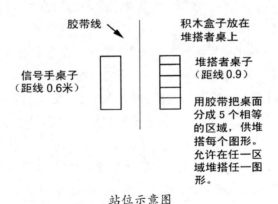

站位示意图

⑮ 如果参赛队明显没理解题意,可以向他们讲清问题的要求和限制条件。不要帮助他们解题,要帮他们弄清题目。例如,如果他们试图用声音发信号,告诉他们,信号手是不能制造声音的。

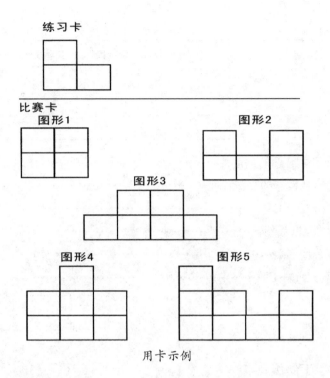

用卡示例

附一：裁判员计分样式

信号与图形

即兴题＿＿＿＿＿＿＿＿＿＿＿＿＿＿＿＿＿＿＿＿   组别：Ⅰ Ⅱ Ⅲ Ⅳ

队员名字＿＿＿＿＿＿＿＿＿＿＿＿   队员编号＿＿＿＿＿＿＿＿＿＿＿＿＿

裁判＿＿＿＿＿＿＿＿＿＿＿＿＿＿＿＿＿＿＿＿＿＿＿＿＿＿＿＿＿＿＿＿

少于 5 人的参赛队人数＿＿＿＿＿

1. 参赛队解题的创造性（1—10 分）·······························

2. 参赛队解题的合作程度（1—15 分）·······························

3. 正确图形数 ＊ ···

＊所有裁判的数字应相同

裁 判 姓 名	参赛队解题的创造性	参赛队解题的合作程度

续　表

裁 判 姓 名	参赛队解题的创造性	参赛队解题的合作程度
总数：	A.	B.

A. 参赛队解题的创造性……………………………………

B. 参赛队解题的合作程度…………………………………

C. 总分"A＋B"………………………………………＝

D. "C"除以裁判数……………………………………÷ ＝

E. 正确图形数…………………………………………×5＝

F. 总分（"D＋E"）…………………………………………

总分

（"F"的分值）

课例5　手工创作

一、教学内容分析

本课内容分六部分。第一部分，随机选几名学生组队进行尝试性教学演示（读题、解题）。部分学生协助担任裁判，其他人静静地观看、思考或做些记录。第二部分，解题者、裁判者、旁观者分别针对解题过程进行讨论。第三部分，老师讲解"手工创作"内容的要点，引导学生通过解读题目发现问题，并培养学生提问的能力，通过提问获取更多有利的信息来帮助解题；同时，观察分析材料的特性，利用这些特性进行解题。第四部分，部分学生自行组队进行提高性教学演示（替换部分解题材料，读题、解题），其他人静静地观看、思考或参与裁判并记录解题过程。第五部分，全班进行解题评价和总结：分析材料的特性和材料的使用；根据题目内容确定创作部分的创作方向；根据评分标准，明确解题的侧重点，合理分配时间和精力。第六部分，指导学生根据例题自编练习题并进行解题练习，加强对题目形式的理解掌握和解题能力的提高。本课例建议2课时。

二、教学准备

语言动手题题目;教学用材料及备用材料。

三、教学目标

① 了解混合题的形式,学会快速理解题目的几个要素,从而及时把控解题方向和重点。

② 学会分析材料的不同特性并进行合理使用。

③ 培养逻辑思维能力,从众多的要求中及时准确地明确重点,提高解决问题的效率。

四、教学重点和难点

解题后的互评、总结和引导对于增强学生诸多能力至关重要。

五、教学过程

A. 当学生走进教室时,告诉他们:"这是一道语言动手题。你们有 1 分钟的时间选择 5 名队员解题。其他人必须坐在这些座位上旁观(手指座位)。他们不能以任何方式参与解题或交谈。"

B. 裁判向队员宣读(括号里的文字不读):

① 这道题有两个部分。你们完成第一部分后,裁判再宣读第二部分。

② 在第一部分,你们有 4 分钟时间讨论和解题。你们可以向裁判提问,但计时继续。裁判会在还剩 1 分钟和 30 秒时提醒你们。

③ 你们可以在解题时使用这些材料(指着材料)。不允许使用其他任何材料,也不允许损毁贴有一个黄色标签的任何物品(指向标签)。

④ **你们的问题是：每个人使用材料创作一个物品。**

⑤ **当第一部分结束时,你们将创作物放在桌子的中心**(指向桌子中心)。**接着裁判朗读第二部分。**

⑥ 根据所有制作物的创造性在 1—10 内计分。根据参赛队的合作度在 1—10 内计分。

(重复黑体字部分。开始时说:"我再重复一遍。"在队员将创作物放在桌子中心后,朗读第二部分。)

⑦ 第二部分:你们有 3 分钟时间答题。互相之间不允许交谈。

⑧ **你们的问题是：讲述一件或多件创作物,或对一个物品说些话,或讲述**

物品可能说什么。例如,你可以指着一个物品说:"我看见你在一张商业信息卡上。"

⑨ 你们每个人有 7 张卡片。**你们依次回答。在你回答前,将一张卡片放在你所讲述的创作物前。**

⑩ 请大声回答,吐字清晰。计时一旦开始,即使裁判没有听清你的回答,要求你重复一遍,也不会停止。

⑪ 请不要重复作答,也不允许打乱顺序。如果队员中有一人回答不出,整个队就停顿。

⑫ 每个普通回答得 1 分,每个创造性回答得 5 分。

⑬ 时间到或卡片用完,则比赛结束。

(重复黑体字部分。开始时说:"我再重复一遍。")

C. 仅供裁判阅读:

① 第一支参赛队比赛前,裁判们应讨论并实践解题。你们可以做一些适用于所有参赛队的决定。

② 向参赛队朗读前,放两份题目复印件,让所有队员都能看到。比赛期间,参赛队可以参考。

③ 在参赛队进入房间前,在桌上放置以下物品。桌子中心请留出一块空的区域以便参赛队放置创作物。

4 张卡纸	1 把剪刀*	15 根火柴
10 个回形针	4 个纸盘	15 根彩色牙签
1 张铝箔纸	10 个棉球	1 支彩色记号笔*
1 个卡片盒	91 厘米彩色毛线	1 卷透明胶带

＊贴有黄色标签

④ 给每名参赛队员发一套 7 张卡片。每套卡片都不同,如不同颜色,不同形状等。

⑤ 确保每个队员在第二部分回答时将卡片放在相应的创作物前。

⑥ 确保每个参赛队在第一部分有 4 分钟时间解题。裁判会在还剩 1 分钟和 30 秒时提醒队员。第一部分结束时,引导参赛队将创作物放在桌子中央。同时确保每个参赛队在第二部分时有 3 分钟时间解题。在时间结束时,正在答题的队员可以回答完并给予评分。

⑦ 在**为参赛队作品的创造性计分时**，考虑多样性、独创性和是否有一个共同的主题。在**为参赛队合作程度计分时**，考虑所有队员对材料的分配，他们是否互相讨论解题。

⑧ 第二部分评分：每个普通回答得 1 分，每个创造性回答得 5 分。

⑨ 普通回答举例：

一般描述："它很漂亮/看上去很有趣/丑陋的/圆的……""它看上去像我家小狗的玩具/一个卡通人物/雪人……"

一般陈述："我看见你在一张广告单上。""我可以要你的手稿吗？""你太酷了。""真希望我能像你一样。""你肯定是新学校的吉祥物。""你认为你是谁。""谁是你爸爸？""我不会想要住在那里。""我能为我的房间要那样东西吗？""你尝试开始一种新的流行趋势吗？"

⑩ 创造性回答举例：

富有想象力的描述："我昨晚在商店看见你，认为你已经被卖完了。""你就像一个破布拖把。"

幽默的讲述或双关语："谁是你的风格偶像？""你可以在舞会上做我的舞伴吗——我想要人们都注意我。""你太方方正正了。""他们制造你时，打破了固有的模式。""你认为你是谁——一个手工超级模特？""这是我的新朋友——我在手工集市上捡到的。""你想要干什么——因为有创意而得分？"

创造性的讲述需合情合理，并建立在前一个讲述上：让制作物之间互相说话或创作一个故事，回答需要增加一些内容，而不仅仅是标准的回答。

注意：如果队员给出的回答和前一个回答相同或非常相似，这个回答算作普通回答。队员无需做出解释，或给出一个不同的回答。只有在你没有听清的情况下，要求队员再重复一遍回答。不要打断队员答题，计时继续。

附：裁判员计分样式

即兴题＿＿＿＿＿＿＿＿＿＿＿＿＿＿＿＿＿＿＿＿＿　　组别：Ⅰ Ⅱ Ⅲ Ⅳ

队员名字＿＿＿＿＿＿＿＿＿＿＿＿　　队员编号＿＿＿＿＿＿＿＿＿＿＿＿＿＿

裁判＿＿＿＿＿＿＿＿＿＿＿＿＿＿＿＿＿＿＿＿＿＿＿＿＿＿＿＿＿＿＿

表一

普通回答	创造性回答
总数	总数
总回答数	

1. 参赛队制作物的创造性(1—10分)……………………………………
2. 参赛队的合作程度(1—10分)……………………………………

表二

裁判姓名	普通回答	创造性回答	参赛队制作物的创造性	参赛队合作程度
总数：	A.	B.	C.	D.

A. 普通回答数…………………………………………×1＝
B. 创造性回答数…………………………………………×5＝
C. 参赛队制作物的创造性…………………………………………
D. 参赛队的合作程度…………………………………………
E. 总和("A＋B＋C＋D")…………………………………＝
F. "E"除以裁判人数………………………………………÷＝
最终得分

("F"分值)

课例6　编故事

一、教学内容分析

本课内容分六部分。第一部分,随机选几名学生组队进行尝试性教学演示

（读题、解题）。部分学生协助担任裁判，其他人静静地观看、思考或作些记录。第二部分，解题者、裁判者、旁观者分别针对解题过程进行讨论。第三部分，老师讲解"编故事"内容的要点，引导学生通过解读题目发现问题，并培养学生提问的能力，通过提问获取更多有利的信息来帮助解题；同时，观察分析材料的特性，利用这些特性进行解题。第四部分，部分学生自行组队进行提高性教学演示（替换部分解题材料，读题、解题），其他人静静地观看、思考或参与裁判并通过录视频来记录解题过程。第五部分，全班进行解题评价和总结：分析材料的特性和材料的使用；根据题目内容确定创作部分的创作方向；根据评分标准，明确解题的侧重点，合理分配时间和精力。第六部分，指导学生根据例题自编练习题并进行解题练习，加强对题目形式的理解掌握和解题能力的提高；尝试自编一个有趣的故事作为素材，套用不同的规则加以改编来适应不同的故事题。本课例建议 2 课时。

二、教学准备

语言动手题题目；教学用材料及备用材料。

三、教学目标

① 了解混合题的形式，学会快速理解题目的几个要素，从而及时把控解题方向和重点。

② 学会分析材料的不同特性并进行合理使用。

③ 培养逻辑思维能力，从众多的要求中及时准确地明确重点，提高解决问题的效率。

四、教学重点

解题后的互评、总结和引导对于增强学生诸多能力至关重要。

五、教学过程

A. 当学生走进教室时，告诉他们："这是一道语言动手题。你们有 1 分钟的时间选择 5 名队员解题。其他人必须坐在这些座位上观看（手指座位）。他们不能以任何方式参与解题或交谈。"

B. 裁判向队员宣读（括号里的文字不读）：

① 这道题有两个部分。在第一部分，你们有 3 分钟时间讨论、练习和解题。在第二部分，你们有 3 分钟时间解题。你们可以向裁判提问，但计时继续。**在第二部分你们互相之间不能交谈。**

② 你们的题目是：**编一个故事，故事中需结合这些物品**（指向材料）。

③ 你们可以使用这些东西，但不允许使用其他任何材料，也不允许损毁贴有一个黄色标签的任何物品（指向标签）。

④ **你们可以在第一部分按照你们希望的方式进行练习。在第二部分，你们将依次解题。第一个队员的回答作为故事的开头。接下来的那个人继续故事内容接着讲，依次类推。**

⑤ **你们每个人有 7 张卡片。在你回答后，将一张卡片放在盒子里**（指着盒子）。

⑥ 请大声回答，吐字清晰。计时一旦开始，即使裁判没有听清你的回答，要求你重复一遍，也不会停止。

⑦ 请不要重复作答，也不允许打乱顺序。如果队员中有一人回答不出，整个队就停顿。

⑧ 裁判将根据回答的创造性和故事的情节发展来计分。计分标准如下：

没有使用任何物品的普通回答计 1 分；

使用一件物品的普通回答，或没有使用任何物品的创造性回答计 3 分；

使用一件物品的创造性回答计 5 分；

⑨ 时间到或卡片用完，则比赛结束。

（重复黑体字部分。开始时说："我再重复一遍。"）

C. 仅供裁判阅读：

① 第一支参赛队比赛前，裁判们应讨论并实践解题。你们可以做一些适用于所有参赛队的决定。

② 向参赛队朗读前，放两份题目复印件，让所有队员都能看到。比赛期间，参赛队可以参考。

③ 给每名参赛队员发一套 7 张未标号的卡片。每套卡片都不同，如不同颜色、不同形状等。确保每个队员在回答结束后将卡片放入盒子里。

④ 在所有队员能触及的地方放置一个盒子。确保盒子开口足够大，并能放入所有 35 张卡片。

⑤ 如果参赛队员少于 5 人，参赛队员也只能得到 7 张卡片。其他卡片则不再使用，并确保将此记录在评分表上，例如："仅有 4 名参赛队员。"（这将改变回答总数）

⑥ 在桌上放置以下物品：

100 克的干面条（放于塑料杯中）

4 张 A4 纸	2 个木块[*]
3 支未削过的铅笔[*]	1 张锡箔
1 个小号调料盘[*]	1 个长柄汤勺[*]
2 个塑料杯	1 根 91 厘米长的毛线

1 个纸盘

[*] 贴有黄色标签

⑦ 确保每个参赛队在第一部分时有 3 分钟时间解题，在第二部分时有 3 分钟时间解题。在时间结束时，正在答题的队员可以回答完并给予计分。

⑧ 计分：没有使用任何物品的普通回答计 1 分，使用一件物品的普通回答计 3 分，没有使用任何物品的创造性回答计 3 分，使用一件物品的创造性回答计 5 分。

⑨ 普通回答举例：讲述没有意义；讲述跟前面接不上；讲述看上去有理，但没有发展故事情节……

⑩ 创造性回答举例：

a. 新颖的、出乎意料的或幽默的能延续故事的讲述。

b. 将物品有趣地融入故事，例如创造声音效果，或加入动作以配合故事。

c. 能延续故事，并给情节转折提供了机会。

d. 讲述押韵，并使故事继续。

e. 针对前一个回答给出不寻常的或幽默的评论。

f. 在续说故事时，聪明地使用词语或使用双关语。

注意：如果队员给出的回答和前一个回答相同或非常相似，这个回答算作普通回答。队员无需做出解释，或给出一个不同的回答。只有在你没有听清的情况下，要求队员再重复一遍回答。不要打断队员答题，计时继续。

附：裁判员计分样式

即兴题_____ 组别：Ⅰ Ⅱ Ⅲ Ⅳ

队员名字_____ 队员编号_____

裁判_____

表一

不使用一件物品的 普通回答	使用一件物品的普通回答 或不使用一件物品的 创造性回答	使用一件物品的 创造性回答
总数：	总数：	总数：

总回答数

（上述三项之和）

表二

裁判姓名	不使用一件物品的 普通回答	使用一件物品的 普通回答或 不使用一件物品 的创造性回答	使用一件物品的 创造性回答
总数：	A.	B.	C.

A. 不使用一件物品的普通回答……………………………………×1 ＝

B. 使用一件物品的普通回答或不使用一件物品的创造性回答……
……………………………………×3 ＝

C. 使用一件物品的创造性回答…………………………………×5 ＝

D. 总数"A ＋ B"……………………………………………… ＝

E. "D"除以裁判人数…………………………………… ÷ ＝

最终得分

（"E"分值）

（本章执笔：金建萍）

第七章
校企合作：STEAM 课程的推进

　　无人机是当下最时尚、最热门的科技话题之一。在无人机领域，我国过去基本上是空白的，经过几年的不断发展，无人机已在我国植保、巡检、测绘、快递等多个领域得到应用，无人机产业已初具规模。为了培养青少年的科技创新意识，普及无人机基础知识，以人们最为熟悉的航拍无人机为切入点，"创意航拍无人机"课程应运而生。本课程的开设，有利于学生的综合素养的发展，培养学生全面学习的能力和创新实践的精神。

无人机作为近两年的热门课程,具有较高的科技含量和较广的应用前景,一度受到中小学的青睐。"创意航拍无人机"课程涵盖知识面较广,不仅对 STEAM 中提出的科学、技术、工程、艺术、数学五大学科都有着较为深入的学习和研究,而且还拓展到了体育、外语、计算机等其他学科,是一门真正的多学科交叉课程。我校开设这门课程,通过理论结合实践、模仿突破创新、学以致用再创造的学习方法,有效促进学生全面发展,培养学生良好的学习方式,是对学生进行爱国主义教育和提高国防意识的最佳切入点。

课程纲要　DIY 自己的创意无人机

为了培养青少年的科技创新意识,普及无人机基础知识,我校以人们最为熟悉的航拍无人机为切入点,"创意航拍无人机"课程应运而生。本课程引导学生从认识无人机开始,经过学习无人机零件、组装无人机、调试无人机、训练基础飞行等过程,最后能够航拍摄影产出成果,让学生可以了解无人机、操作无人机和应用无人机,从而实现真正的素质教育。

一、课程背景

"创意航拍无人机"课程通过设立众多的开放性课题,引导学生自主学习、积极探索问题的答案,学习无人机知识的同时养成良好的学习习惯。

我校的"创意航拍无人机"课程以航模无人机为知识载体,鼓励学生充分应用课程知识,结合生活实际应用,培养专注力、学习力和创新力,并创造属于自己的高科技智慧作品。

本课程的培养目标是使学生具有创新精神和实践能力。学生通过"学中做,做中学",亲身经历制作、调试无人机,飞行无人机以及使用无人机进行航拍,在此过程中不断发现问题、解决问题,从而提高动手、动脑能力。在本课程的引领下,学生学习大量的理论知识,同时结合实践操作,获得对无人机的直接体验和感悟,提高创新精神和实践能力。

二、课程目标

① 了解无人机对于现代社会的重要性。

② 熟悉重要零部件的基本工作原理，掌握 DIY 无人机的设计流程和制作方式，能熟练操作无人机进行简单拍摄。

③ 掌握无人机安全条例，熟悉无人机相关法律法规，做到合理合法安全飞行。

三、课程内容

我校的"创意航拍无人机"课程，除了导学课和期末总结外，共有六大教学模块，它们分别是：认识飞行、航拍无人机的组成、DIY 航拍无人机、无人机参数调试、基础飞行练习、航拍视频的后期制作，共计 56 课时。

模块 1：认识飞行

本模块的主要目标是让学生了解飞行器的种类、飞行原理及组成部分。具体内容是介绍飞行器的种类，包括四轴飞行器的飞行原理和组成部分。

飞行器展示图

模块 2：航拍无人机的组成

本模块的主要目标是让学生学会选择自己需要的四轴飞行器。具体内容是按照四轴飞行器的不同部件进行分类，并在不同的分类中了解其中部件的种类。

模块 3：DIY 航拍无人机

本模块的主要目标是让学生了解四轴飞行器各个部分之间的连接方式，从而为以后的四轴飞行器的深入学习打下基础。具体内容为亲手参与制作专业航拍无人机，使用符合国际标准的 F450 规格的四旋翼无人机飞行器器材零件，结合先进的 3DR 公司的 Pixhawk 无人机开源飞控系统，GPS 定位系统，气压定高系统，2.4G 无线遥控技术，5.8G 远程图像传输系统，无刷电机动力系统，以及云台增稳系统等综合技

学生 DIY 无人机

术，亲手制作、调试、安装自己的专业航拍无人机，可完成航拍、自稳巡航、远程投放、自动返航等拓展功能。

模块 4：无人机参数调试

本模块的主要目标是让学生了解飞控、电调和电机之间的连接方式，学会如何操作遥控器来控制飞行器。具体内容为连接线路、烧录 Pixhawk 飞控的程序、进行飞行前的无桨调试等。

参数界面

模块 5：基础飞行练习

本模块的主要目标是让学生学会利用模拟器进行仿真飞行，练习飞行技术，让学生安全规范地操作无人机，并针对航拍飞行技巧进行重点训练。具体内容为按照国际航空器拥有者及驾驶员协会（以下简称为 AOPA）规范学习飞行技术、航拍技巧、飞行安全规范、操作规范等，包括安全起降、对尾悬停、对头悬停、四面悬停、对尾飞行、对头飞行、直线航线飞行、四边航线飞行、八字航线飞行、环绕飞行拍摄、跟随飞行拍摄、全景飞行拍摄等飞行技术训练。

飞行技术训练

模块 6：航拍视频的后期制作

本模块的主要目标是让学生将亲手拍摄的航拍素材最终成为优秀的艺术

作品。主要内容为学生以专业视频编辑系统"会声会影"（VedioStudio）为平台基础，对航拍视频进行后期制作，包括对视频影片的剪辑、多段影片的接合、附加转场特效、添加文字标题与字幕、添加背景音乐等，让航拍视频成为精美的影视作品。

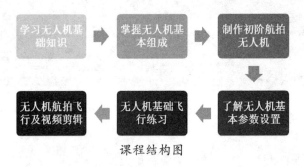

课程结构图

四、课程实施

无人机作为一门高新技术，具有一定的技术含量。精通无人机除了要学会如何操作之外，还要掌握无人机的内部结构及原理，并能维护好无人机。教师通过理论点拨和操作实践两部分的穿插进行，对学生进行全方位的指导。理论应用于实践，实践反馈的问题用理论去解决，学生既掌握了无人机的内部构造，同时又具备了通过理论知识解决实际问题的能力。

（一）理论点拨

在课堂理论讲解的前提下，让学生在实际操作中发现问题、解决问题。也就是让学生在研究实践的过程中，以小组的形式进行实践操作，出现问题后能一起讨论和解决，联想到教师之前讲的理论知识，以理论知识为基础进行探究，探索问题发生的原因。同时，通过老师点拨式的指导，最终解决问题、掌握相关原理。

（二）操作实践

1. 仿真虚拟练习

通过电脑模拟进行无人机操作训练。电脑模拟可以建立一个真实的操作环境，前期先进行各个基础操作的训练，学生按照老师安排的行进路线飞行，在此过程中，培养空间意识以及一定的反应能力，为今后的实际飞行打下基础。

2. 专业指导

通过电脑模拟的训练，学生已经具备了熟练的操作技术，此时进行无人机真机的基础练习，循序渐进，使操作熟练度不断升级。在此期间学校聘请专业无人机人员来学校开展讲座及实际操作教学。无人机是一个新兴行业，教师的实力水平和一些高水平的专业人员相比可能相差很多，教师以课本为主，专业无人机飞行员却是以实践操作为主。因此，邀请专业无人机飞行员开展讲座，无论对教师水平的提升，还是对学生实际操控能力的提升，都有很大的帮助。

五、课程评价

课程评价是课程管理非常重要的一个环节，是权衡教育目标设置与达成、提高教学质量的重要因素，也是课程改革的一个重要方面。新课程改革提出了学生的发展性评价的理念，"创意航拍无人机"课程对学生的评价也遵循这一理念，我们采用了过程性评价和结果性评价相结合的方式来进行学生评价，了解学生学业的进步或退步状况，掌握教学与学习效果；同时，对课程和授课教师进行阶段性评价，对教育的各个环节进行科学、客观的比较和分析，为调整、改善、提高教育质量提供科学的、客观的依据。

（一）过程性评价

为体现新课改要求中评价内容全面化、评价主体多元化的指导方针，在"创意航拍无人机"授课过程中，学生的上课积极程度，活动参与程度，知识掌握程度和技能熟练程度等都会被记入过程性评价中，并由学生自评、小组互评和教师综评来打分。授课教师在每节课课后下发课程评价表，让学生自主填写并记录本节课的收获感想。

"创意航拍无人机"课程过程性评价表

评价标准		自评（2分）	互评（3分）	师评（5分）	总分
课堂表现	课堂上积极主动回答问题				
	上课专心听讲，认真做笔记				

评 价 标 准		自评 (2分)	互评 (3分)	师评 (5分)	总分
活动 参与	积极参与动力测试实验准备				
	积极参与动力测试台的搭建				
	实验中规范操作,认真记录实验数据				
知识 掌握	掌握电动机、电子调速器、螺旋桨的作用				
	掌握影响无人机升力的因素				
	了解如何搭配一台无人机的动力系统				
技能 熟练	熟练搭建动力测试台				
	熟练连接各零件之间的线路				
总 分					
本节课收获及感想:					
同学眼中的我:					
老师对你说:					

注：1. 本评价表针对学生本次课程完成情况进行评价。
　　2. 本评价分为定性评价部分和定量评价部分。
　　3. 定量评价部分总分为 100 分,最后得分为所有项之和。
　　4. 定性评价部分分为"本节课收获及感想""同学眼中的我"和"老师对你说",都是针对被评者作概括性描述和建议,以帮助被评学生改进与提高。

"创意航拍无人机"课程的过程性评价,一方面是了解学生的学习情况与表现,以完成学习目标;另一方面也为学生提供展示自己能力、水平、个性的机会,让学生在充分展示自己体育学习方面长处的过程中,体验活动中成功的乐趣与喜悦，增强无人机学习的自信心，这有助于学生进一步的学习与发展。最后，正确的评价，能够培养学生自我认识、自我教育的能力。通过自我评价，学生对自己的体能、技能、态度、行为、人际交往等方面的情况有一个清醒而正确的认识，在此基础上看到自己的长处与不足，以便取长补短。

（二）结果性评价

每次授课结束后，通过当堂课的课程评价表，会有一个总得分，在学期末计算平均分，评选出"创意航拍无人机"课程的第一、二、三名，进行综合能力的表彰。

除综合能力表彰外，授课教师会组织班级评选出在课程学习中有突出表现的学生，进行专项表彰，具体内容如下：

① 小小爱迪生：此奖项表彰在课程实验中，积极动手参与，善于发现问题并解决问题的学生。

② 王牌飞行员：此奖项表彰在飞行训练中，无人机操作技能突出的学生。

③ 最佳剪辑师：表彰在后期视频剪辑中，善于主动学习并且作品优秀的学生。

除个人表彰外，对于参与"创意舶拍无人机"课程的学生小组，任课教师会根据不同的评价点，鼓励性地选出一些小组进行表彰：

① 最佳创意奖：此奖项表彰在无人机功能拓展上，想法新颖、极具创意并且最终成功实现的小组。

② 最佳合作奖：此奖项表彰成员间乐于合作、积极沟通，在制作过程中能够合理分工、互相帮助，团队效率最高的小组。

③ 最佳进步奖：此奖项表彰小组成员从学期开始到学期结束有较大进步（作品造型美观度、课堂表现、组员关系等方面）的小组。

课程图谱　素养与科技的美丽邂逅

STEAM 课程重点是加强对学生五个方面的教育：科学素养、技术素养、工程素养、人文艺术素养、数学素养。"创意航拍无人机"课程以航拍无人机为载体，大量融入复合性的知识，正是 STEAM 课程各项关键元素的融合的体现，让学生在课程中多层次地体验 STEAM 课程魅力。

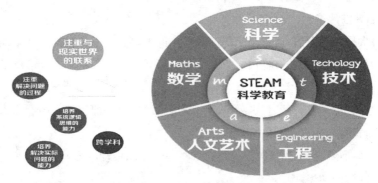

"创意航拍无人机"课程 STEAM 元素结构图

科学（S）：无人机制作、飞行、航拍等技术复合了大量的科学知识，包括空气动力学、电子学、结构学、飞控编程数字微波后期制作等，并涉及 2.4 G 远程控制技术、5.8 G 远程图像转输技术，Pixhawk 地面站编程调参技术。

技术（T）：无人机采用无刷电机动力系统和锂聚合物能源，是最新的动力技术；飞控系统系用 Pixhawk 开源系统，是目前世界上应用最广、用户最多也是最专业的开源飞控系统，可以通过 C 语言二次开发；无人机制作中使用 3D 打印技术建模、制作，是创新技术实现的基础。

工程（E）：完成调研、资料收集，分组分工，在调试过程中收集问题、难点，在飞行过程中记录不同动力电池可负载和飞行的续航时间，分析合理的动力搭配，并优化设计和制作。

人文艺术（A）：航拍视频的后期编辑处理会大量应用艺术手段，加入配音配乐，合理剪辑镜头合作，添加特效字幕等，以让航拍视频最终成为航拍艺术作品。

数学（M）：无人机的制作和调试中大量涉及数学计算、几何计算的知识。

学习手册 问题与探究的深度碰撞

课例1 认识飞行

"认识飞行"是"创意航拍无人机"课程中第一模块的内容。这一模块的目标是让学生认识飞行器，了解飞行的原理。具体内容是了解飞行器种类、飞行原理和组成部分，这是设计、飞行无人机的基础。教学用时为4课时。

一、教学准备

《创意航拍无人机》教材、第一模块PPT；教学展示用无人机。

二、教学内容分析

本模块内容主要分为五个部分：

① 提出问题：什么是飞行器？（可以飞行的物体）

② 进一步探索：飞行器有哪些分类？（引出多旋翼概念）

③ 带领学生了解飞行器的飞行原理。

④ 项目探究：多旋翼无人机是如何进行前后左右飞行的？

⑤ 得出结论：四个电机通过控制电机转速进行前后左右飞行。

三、教学目标

① 了解飞行器的发展历史。

② 了解飞行器的种类。

③ 认识飞行器的飞行原理。

四、教学重点和难点

教学重点：了解飞行器的种类以及不同飞行器的特点。

教学难点：多旋翼飞行器的飞行原理和姿态的变化。

五、教学过程

（一）情境导入

播放视频：活动的飞行视频，播放完后向同学们提出问题。

师：同学们，我们看到视频中都有什么飞机呀？视频中的固定翼飞机、多旋翼飞机和直升机都属于飞行器,那么这些不同的飞行器在结构上都有什么特点呢?

(二)展示环节

教师带领同学们观察展示的无人机,了解多旋翼无人机的结构。

(三)创意搭建

① 找四个同学扮演四个电机,教师演示无人机变化的姿态。

② 四个同学模拟电机的转速,电机转速高的保持,转速低的半蹲,从而形象地理解无人机的飞行原理。

(四)结论分享

① 每组实验结束后,在组内展开讨论,讲述无人机的飞行及控制原理。

② 每组派代表发言,分享自己小组得出的结论,交流遇到的困难和心得体会。

(五)课堂总结

① 授课教师做总结性陈述,纠正问题。

② 授课教师分享实战经验,并根据本模块的知识,奠定后期制作无人机的理论基础。

课例 2　航拍无人机的组成

"航拍无人机的组成"是"创意航拍无人机"课程中第二模块的内容。这一模块的目标是让学生认识无人机上的零件,然后根据自己要设计的无人机尺寸,选择合适的零件。教学用时为 8 课时。

一、教学准备

《创意航拍无人机》教材、第二模块 PPT;F450 机架、穿越机架;好赢 20 A 无刷电调、好赢 40 A 无刷电调(带 BEC 输出);2212 KV980 电机、2206 KV2450 电机;1050 自锁螺旋桨、5040 三叶穿越桨;F4 飞控、Mini Pix 飞控;地平线 DX8 遥控器、富斯 i6s 遥控器;UAV 模拟器、笔记本电脑。

二、教学内容分析

本模块内容主要分为五个部分:

① 提出问题:航拍无人机有哪些部分?(飞控、电机、电调、机架等)

② 进一步探索：这些组成零件都有什么作用？

③ 带领学生了解航拍无人机的组成部件。

④ 项目探究：怎样选择多旋翼航拍无人机的零件？

⑤ 得出结论：根据无人机的轴距、重量和电池选择零件。

三、教学目标

① 了解机架的固定连接方式，了解常见的飞控，认识 Mini Pix 飞控的端口。

② 了解无刷电机、电调的工作原理，学会电机、电调和螺旋桨的搭配。

③ 认识富斯 i6s 遥控器，学会对频和基础设置，学会无人机的遥杆操作方式。

四、教学重点和难点

教学重点：了解电机、电调的工作原理，学会选型和螺旋桨的搭配。

教学难点：了解常用的飞控，认识 Mini Pix 飞控端口；学会遥控器设置。

五、教学过程

（一）情境导入

无人机展示：观察展示的无人机，提问无人机的组成部件。

师：同学们，我们看到这架无人机都有哪些零部件呀？ 为什么有的零部件只要一个，有的需要好几个，而且这之间是怎么连接的呢？

（二）展示环节

① 给学生展示 F450 机架和穿越机架，通过对比找出两者的区别以及优缺点。

② 给学生展示几种常用的飞控，介绍 Mini Pix 飞控的端口定义。

③ 展示不同规格的无刷电机和无刷电调，了解型号的定义。

④ 展示不同尺寸和螺距的螺旋桨，让学生观察，理解螺旋桨规格定义。

⑤ 展示不同型号的遥控器，让学生观察摇杆的区别，理解双回中摇杆的优势。

（三）创意搭建

① 手拿 KT 板，和地面成一夹角，以身体为轴心旋转。

② 感受不同角度时的升力，更形象理解螺旋桨螺距和升力的关系。

③ 将 KT 板和地面垂直后感受升力，明白螺距太大升力反而会减小。

（四）结论分享

① 每组实验结束后，在组内展开讨论，讲述无人机零部件应该怎样选择

型号。

② 每组派代表发言,分享自己小组得出的结论,交流遇到的困难和心得体会。

(五)课堂总结

① 授课教师做总结性陈述,纠正问题。

② 授课教师分享实战经验,并根据本模块的知识,让学生了解各零件之间如何连接和搭配。

课例 3 DIY 航拍无人机

"DIY 航拍无人机"是"创意航拍无人机"课程中第三模块的内容。这一模块的目标是让学生学会搭建无人机飞行器的硬件部分,把每个零部件都能合理地安装、固定到机架上。教学用时为 14 课时。

一、教学准备

《创意航拍无人机》教材、第三模块 PPT;F450 机架、螺丝、好赢 20 A 无刷电调四个、2212 KV980 电机两对;1050 自锁螺旋桨四对、电烙铁、焊锡丝、Mini Pix 飞控套装、富斯 i6s 遥控器、接收机;山狗运动相机、5.8 G 图传、小飞手;OSD 模块、云台套装。

二、教学内容分析

本模块内容主要分为五个部分:

① 提出问题:无人机上的电机有几种?(两种,正转和反转)

② 进一步探索:为什么要用区分正反桨?

③ 带领学生安装无人机的所有组成部件。

④ 项目探究:电机反转怎样设置?

⑤ 得出结论:交换电机三根线中的任意两根。

三、教学目标

① 合理安装电机、电调并焊接连线,学会遥控器与接收机的对频和基础设置。

② 学会安装固定飞控、GPS 模块等零件,学会安装 OSD 模块和图传模块。

③ 学会设置运动相机，并将其固定到无人机；学会安装云台，连接信号线。

四、教学重点和难点

教学重点：飞控、图传、GPS 等模块的安装和连线。

教学难点：电调电源线的焊接。

五、教学过程

（一）情境导入

无人机展示：观察展示的无人机，根据展示的无人机安装机架。

师：同学们，大家每组都有一套机架，我们根据展示的这台无人机的形状，来安装自己的无人机！注意螺丝的选取和机臂的颜色。

（二）展示环节

① 展示电机底部螺丝孔，对准孔位和插头方向，选择合适的电机安装。

② 演示电烙铁的使用，学生学习焊接电调线到分电板。

③ 展示遥控器和接收机，演示对频方法和遥控器的设置。

④ 展示 Mini Pix 飞控套装的各个端口和安装方法。

⑤ 展示 5.8 G 图传模块以及图传的接口。

⑥ 展示 OSD 模块以及 OSD 模块的接口。

⑦ 展示云台套装，讲解云台的作用和安装方法。

（三）创意搭建

① 焊接好分电板后，给分电板通电。

② 用 1S 小电池给舵机测试器供电，接电调信号口。

③ 用小纸条测试电机转向，交换任意两根线后再测试电机转向。

（四）结论分享

① 每组实验结束后，在组内展开讨论，讲述无刷电机换向的原理。

② 每组派代表发言，分享自己小组得出的结论，交流遇到的困难和心得体会。

（五）课堂总结

① 授课教师做总结性陈述，纠正问题。

② 授课教师分享实战经验，并根据本模块的知识，让学生对无人机硬件部分有更深层次的了解。

课例 4　无人机参数调试

"无人机参数调试"是"创意航拍无人机"课程中第四模块的内容。这一模块的目标是让学生了解飞控的工作原理，校准无人机飞控的传感器，调试飞控的参数，然后测试飞行。教学用时为 10 个课时。

一、教学准备

《创意航拍无人机》教材、第四模块 PPT；组装好的 F450 无人机、富斯 i6s 遥控器、数据线、笔记本电脑。

二、教学内容分析

① 提出问题：什么是传感器？（是一种检测装置，能感受到被测量的信息，并能将感受到的信息，按一定规律变换为电信号或其他所需形式的信息输出，以满足信息的传输、处理、存储、显示、记录和控制等要求）

② 进一步探索：无人机用到哪些传感器？（加速度计、罗盘、气压计、电压计、电流计）

③ 带领学生校准飞控传感器，设置飞控的参数。

④ 项目探究：不同模式的飞行状态是怎样的？

⑤ 得出结论：

Stabilize 模式：自稳模式，有风会飘走。

Loiter 模式：悬停模式，微风吹动不会飘走。

AltHold 模式：定高模式，油门中位飞机高度不会变。

RTL 模式：自动返航模式，看不清姿态切换后可以自己飞回来。

Auto 模式：自动飞行模式，规划航线后自动飞行。

三、教学目标

① 理解调试参数和校准传感器的意义，学会地面站与飞控的通信连接。

② 学会校准飞控传感器，会校准电调油门行程。

③ 尝试解锁，学会处理报错。

四、教学重点和难点

教学重点：校准传感器和遥控器，设置飞行模式。

教学难点：解锁过程中出现报错不能解锁，需要处理报错故障。

五、教学过程

（一）情境导入

视频展示：通过观看无人机自动飞行的视频，学生明白只有硬件和软件配合才能完成一些复杂的任务，软件程序里的一些参数是需要调试的。

师：同学们，大家看完这段无人机自动飞行的视频，有什么感想？无人机为什么能够自动飞行呢？有的同学说这是通过电脑去控制，那么飞机飞行的高度、速度和距离这些参数是不是需要我们去设计呢？

（二）展示环节

① 老师演示遥控器的对频和设置，然后学生自己操作。

② 老师演示飞控和地面站的连接设置，然后学生自己设置。

③ 老师演示加速度计、罗盘的校准，然后学生自己校准。

④ 老师演示遥控器的校准，然后学生自己校准。

⑤ 老师演示飞行模式的设置，然后学生自己操作。

⑥ 老师演示解锁飞控方法，学生进行室外飞行测试。

（三）创意搭建

① 分别在自稳模式、定高模式和悬停模式飞行。

② 观察飞机的飞行状态。

③ 吹风的情况下再次测试，对比观察。

（四）结论分享

① 每组实验结束后，在组内展开讨论，讲述不同飞行模式的飞行特点。

② 每组派代表发言，分享自己小组得出的结论，交流遇到的困难和心得体会。

（五）课堂总结

① 授课教师做总结性陈述，纠正问题。

② 授课教师分享实战经验，并根据本模块的知识，让学生认识到校准传感器和设置飞控参数的意义，以及在后期飞行中要注意的问题。

课例 5　基础飞行练习

“基础飞行练习”是“创意航拍无人机”课程中第五模块的内容。这一模块的目标是让学生在了解无人机操作的基础上,在室外进行飞行练习,练习主要包括定点起降和航线练习;能够平稳飞行之后,装上运动相机,通过操作云台取景航拍。教学用时为 12 课时。

一、教学准备

《创意航拍无人机》教材、第五模块 PPT;调试好的 F450 无人机、电池、相机、数据线及笔记本电脑。

二、教学内容分析

① 提出问题:飞行前要进行哪些检查?(机架、电机是否有故障,是否搜到卫星,螺旋桨安装是否正确)

② 进一步探索:飞行过程中紧急情况如何处理?(看不清姿态切返航模式,撞到人或物体立即收油门锁定飞控)

③ 带领学生练习定点起降和航线飞行等项目。

④ 项目探究:机头和机尾对着自己操作有什么不一样?

⑤ 得出结论:机头对着自己所有操作都是正向的;机尾对着自己时,方向和油门是正向的,升降和副翼是反向的。

三、教学目标

① 能够平稳地进行定点起降并平稳地进行四边航线飞行。

② 能运用相机镜头取景航拍。

四、教学重点和难点

教学重点:能够平稳地定点起降和四边航线飞行练习。

教学难点:控制云台取景拍摄。

五、教学过程

(一)情境导入

视频展示:通过观看无人机航拍的视频,学生产生对航拍的兴趣。

师:同学们,大家看这段视频是怎么拍摄的呢? 是不是通过我们普通的取景和视角是拍摄不到的? 所以我们需要借助无人机去拍摄。无人机在拍摄的过程中一般都是边飞边拍的,所以在一些专业的航拍中需要两个人配合,其中一个人负责无人机飞行,另一个人负责控制云台取景拍摄。

(二)展示环节

① 老师演示定点起飞降落,然后学生自己练习操作。

② 老师演示定点模式中"三自由度"单独飞行,然后学生自己练习。

③ 老师演示四边航线飞行,然后学生自己练习飞行。

④ 老师演示八字航线飞行,然后学生自己练习飞行。

⑤ 老师演示云台操控,然后学生自己航拍飞行。

（三）创意搭建

① 分别在对头和对尾情况下飞行。

② 观察无人机的操控正反,练习对尾定点起降。

（四）结论分享

① 每组实验结束后,在组内展开讨论,讲述对尾情况下哪些通道的操作是正向的,哪些通道的操作是反向的。

② 每组派代表发言,分享自己小组得出的结论,交流遇到的困难和心得体会。

（五）课堂总结

① 授课教师做总结性陈述,纠正问题。

② 授课教师分享实战经验,并根据本模块的知识,让学生学习到更多的飞行技巧。在航拍时旋转机身幅度尽可能小,尽量不要影响画面,拍摄时云台控制要流畅。

课例 6　航拍视频的后期制作

"航拍视频的后期制作"是"创意航拍无人机"课程中第六模块的内容。这一模块的目标是让学生用亲手制作的飞机拍摄航拍素材,并通过后期制作使其成为优秀的航拍艺术作品。主要内容为以专业视频编辑系统"会声会影"为平台基础,对航拍视频进行后期制作,包括对视频影片的剪辑、多段影片的接合、附加转场特效、添加文字标题与字幕、添加背景音乐等,让学生的航拍视频成为精美的影视作品。教学用时为 8 课时。

一、教学准备

《创意航拍无人机》教材、第六模块 PPT;在上一模块中飞行航拍的视频源文件;数据线,安装好"会声会影"软件的电脑。

二、教学内容分析

① 提出问题:为什么要对航拍的视频作后期处理?

② 进一步探索：航拍艺术作品鉴赏、分析。

③ 认识视频编辑软件——会声会影（VedioStudio）。

④ 项目探究：如何才能将一堆航拍视频素材加工成有意义的艺术作品？

⑤ 得出结论：通过对航拍视频的非线性剪辑，重新定义镜头，添加字幕注解，配合音乐、过场特效等手段，最终获得出色的航拍作品。

三、教学目标

① 学习"会声会影"视频编辑软件的"剪辑、字幕、过场特效、配音、配乐、渲染、导出"等指令。

② 学会影片分镜头表的编导和蒙太奇手法的使用，理解素材辅助和主题表现。

③ 能制作"美丽校园"主题航拍视频。

三、教学重点和难点

教学重点："会声会影"非线性编辑视频的使用技巧。

教学难点：计算机的使用和初次接触影片剪辑。

四、教学过程

（一）情境导入

视频展示：国内外优秀航拍视频展示，如《航拍中国》航拍纪录片节选展示，让学生一起欣赏，一起讨论影片中应用到的航拍技巧。在影片播放中，针对影片的取景、剪辑、配音、字幕、配乐等元素进行分析和引导。

（二）展示环节

① 演示启动"会声会影"软件，并对软件界面进行初步介绍。

② 导入航拍影片到"会声会影"软件，让学生认识时间轴，并理解影片基于时间轴的非线性编辑概念。

③ 演示分割视频为多个片段，删除片段，将多个视频合并入一个视频工程中并进行分割，删除不需要的片段，调整片段的顺序等操作。

④ 演示为片段加入过场特效、标题、字幕以及配乐、配音。

⑤ 演示导出为完整的视频作品。

（三）创意搭建

① 学生分组（4—5 人一组）整理航拍视频资料，分析内容，为影片准备素材。

② 每组同学为影片定主题，定风格，制作分镜头表，写剧本，分配角色和任务。

③ 按分镜表寻找相应航拍视频素材，开始剪辑。

④ 为影片加入标题、字幕、配乐等。

⑤ 导出制作后的航拍视频作品。

（四）结论分享

① 每组实践操作后，在组内展开讨论，对影片的后期编辑技术以及航拍影片拍摄技巧进行分享，若发现哪个镜头不足或缺失，可制定计划，预约下次课程进行航拍飞行，补拍所需要的航拍素材。

② 每组派代表发言，分享自己小组得出的结论，交流遇到的困难和心得体会。

（五）课堂总结

① 授课教师做总结性陈述，及时回答学生提问，发现错误并及时纠正。

② 授课教师分享实操经验，并根据本模块的知识，让学生学习到更多的视频后期制作技巧。在制作影片时，每个镜头片段不要超过 5 秒，除非特殊情况才使用长镜头。影片在拍摄过程中的顺序与后期制作时素材的顺序无关，并且可任意调整视频片段中某镜头的前后顺序，这是计算机视频非线性编辑的魅力所在。

（本章执笔：庄壮）

后记

　　上海市嘉定区工业园区是以创新发展思维打造的一个具备现代服务业配套体系的先进制造业基地,是一个满足跨国生产与全球技术转移需求的产业创新中心。我校处于工业园区内,有着良好的区域优势。这些优势,为学生了解社会、服务社会和社会资源课程化提供了良好的条件,并为学生提供了与社会生活密切接触的平台和更加丰富的可供选择的实践课程。学校充分利用区域优势,与多家单位合作,共建智慧教育联盟共同体,让企业成为学校 STEAM 教育的社会实践基地。校企联合使学校的"围墙"逐渐消失。校企联合的有效开展,使"学校"概念的外延不断扩大,学校不再是围起来的建筑,社会上的一切资源都成为学生学习的源泉。在校企联合活动中,学生的视野得以开拓;在参与实践的过程中,学生的社会责任意识得到增强,实践能力不断提升,创新思维的心灯逐渐被点亮。校企联合是一条正在不断探索与发现的路,是一条崭新且没有终点的路,也是一条不断收获喜悦与成果的路。

　　美国 STEAM 教育知名学者格雷特·亚克门教授曾说:"STEAM 教育的教学不以传授知识为主要任务,而以培养学生的问题解决能力和创新能力为目标。相对于传统的教学活动设计,STEAM 教学坚持以学生为中心。教师不仅告诉学生怎么做,而且引导学生体验解决实际问题的过程,在探索中开启学生的创造力。"我校 STEAM 理念下的普通初中科技综合课程将进一步挖掘丰富学生学习体验的方式、方法,进一步关注如何给予学生学习与实践的愉悦体验,注重动脑、动手的过程,设计或制作出学生喜欢的东西。通过此课程的研究与实践,教师的"乐教"与学生的"乐学"必将会不断推进,也会成为学校"乐学"文化营造的强大助力,实现对"文化铸魂科技提升"理念的追求。

　　本书是学校课程团队共同努力的结晶。第一章由孙凌凌执笔,第二章由张伟明、周萍、唐奕青执笔,第三章由赵佳执笔,第四章由瞿惠钧执笔,第五章由杨丽莎执笔,第六章由金建萍执笔,第七章由庄壮执笔。

　　感谢上海市教育科学研究院杨四耕老师的指导，感谢华东师范大学出版社刘佳老师的信任！

印　霞

2021 年 5 月 20 日

学校整体课程规划的七个关键	978 – 7 – 5760 – 0424 – 3	62.00	2021 年 3 月
课堂教学的 30 个微技术	978 – 7 – 5760 – 1043 – 5	52.00	2020 年 12 月
教学诠释学	978 – 7 – 5760 – 0394 – 9	42.00	2020 年 9 月
原点教学：提升区域育人质量的策略研究			
	978 – 7 – 5760 – 0212 – 6	56.00	2020 年 8 月

学校课程发展精品丛书

学科课程群与全经验学习	978 – 7 – 5760 – 0583 – 7	48.00	2021 年 1 月
育人目标与课程逻辑	978 – 7 – 5760 – 0640 – 7	52.00	2021 年 2 月
学科课程与深度学习	978 – 7 – 5760 – 0505 – 9	52.00	2021 年 2 月
学校课程的文化表情：百花园课程的学科指向与深度实施			
	978 – 7 – 5760 – 0677 – 3	38.00	2021 年 2 月
学校文化与课程变革	978 – 7 – 5760 – 0544 – 8	62.00	2021 年 2 月
语文天生重要：语文学科课程群设计			
	978 – 7 – 5760 – 0655 – 1	44.00	2021 年 2 月
五育并举的课程体系：致良知课程的旨趣与探索			
	978 – 7 – 5760 – 0692 – 6	48.00	2021 年 1 月
学科课程与育人质量	978 – 7 – 5760 – 0654 – 4	48.00	2021 年 1 月
在地文化与课程图谱	978 – 7 – 5760 – 0718 – 3	46.00	2021 年 2 月
中观课程设计与学科课程发展	978 – 7 – 5760 – 0624 – 7	36.00	2021 年 1 月
大教学：英语学科核心素养培育的课程模式			
	978 – 7 – 5760 – 0462 – 5	46.00	2021 年 1 月

特色学校聚焦丛书

不一样的生命，一样的精彩	978 – 7 – 5675 – 8675 – 8	34.00	2019 年 3 月
童味正醇：特色学校的文化图谱	978 – 7 – 5675 – 8944 – 5	39.00	2019 年 8 月
特色普通高中课程建设探索	978 – 7 – 5675 – 9574 – 3	34.00	2019 年 10 月

儿童是天生的探索者：360°科学启蒙教育

| | 978 - 7 - 5675 - 9273 - 5 | 36.00 | 2020 年 2 月 |

做精神灿烂的教师：教师自我成长的 5 个密码

| | 978 - 7 - 5760 - 0367 - 3 | 34.00 | 2020 年 7 月 |

让教育温暖而芬芳	978 - 7 - 5760 - 0537 - 0	36.00	2020 年 9 月
快乐教育与内涵生长	978 - 7 - 5760 - 0517 - 2	46.00	2020 年 12 月
故事教育与儿童发展	978 - 7 - 5760 - 0671 - 1	39.00	2021 年 1 月
美好教育：学校内涵发展的循证研究	978 - 7 - 5760 - 0866 - 1	34.00	2021 年 3 月
把美好种进儿童心田	978 - 7 - 5760 - 0535 - 6	36.00	2021 年 3 月

倾听生命的天籁："天籁教育"的实践与探索

| | 978 - 7 - 5760 - 1433 - 4 | 38.00 | 2021 年 9 月 |

| 为了每一个孩子的美好心愿 | 978 - 7 - 5760 - 1734 - 2 | 50.00 | 2021 年 9 月 |

跨学科课程丛书

| 大情境课程：主题设计与创意评价 | 978 - 7 - 5760 - 0210 - 2 | 44.00 | 2020 年 5 月 |

社会参与素养的培育模型与干预机制

| | 978 - 7 - 5760 - 0211 - 9 | 36.00 | 2020 年 5 月 |

大概念课程：幼儿园特色主题活动设计

| | 978 - 7 - 5760 - 0656 - 8 | 52.00 | 2020 年 8 月 |

| 项目学习：进入学科的课程智慧 | 978 - 7 - 5760 - 0578 - 3 | 38.00 | 2021 年 4 月 |
| STEAM 课程的设计与实施 | 978 - 7 - 5760 - 1747 - 2 | 52.00 | 2021 年 10 月 |

核心素养导向的课堂教学丛书

| 漾着诗性智慧的课堂教学 | 978 - 7 - 5675 - 9308 - 4 | 39.00 | 2019 年 7 月 |

转识成智的课堂教学：核心素养导向的历史教学

| | 978 - 7 - 5760 - 0164 - 8 | 40.00 | 2020 年 5 月 |

| 学导式教学：学会学习的教学范式 | 978 - 7 - 5760 - 0278 - 2 | 42.00 | 2020 年 7 月 |
| 高阶思维教学的关键技术 | 978 - 7 - 5760 - 0526 - 4 | 42.00 | 2021 年 1 月 |

会呼吸的语文课：有氧语文的旨趣与实践

<table>
<tr><td></td><td>978 - 7 - 5760 - 1312 - 2</td><td>42.00</td><td>2021 年 5 月</td></tr>
<tr><td>高阶思维教学的核心指南</td><td>978 - 7 - 5760 - 1518 - 8</td><td>38.00</td><td>2021 年 7 月</td></tr>
<tr><td>磁性课堂：劳动技术课就这样上</td><td>978 - 7 - 5760 - 1528 - 7</td><td>42.00</td><td>2021 年 7 月</td></tr>
<tr><td>核心素养导向的作业设计</td><td>978 - 7 - 5760 - 1609 - 3</td><td>40.00</td><td>2021 年 8 月</td></tr>
<tr><td>语文，让精神更明亮</td><td>978 - 7 - 5760 - 1510 - 2</td><td>42.00</td><td>2021 年 9 月</td></tr>
</table>

"六会"教学法：基于核心素养的课堂教学

<table>
<tr><td></td><td>978 - 7 - 5760 - 1522 - 5</td><td>42.00</td><td>2021 年 9 月</td></tr>
</table>

特色课程建设丛书

<table>
<tr><td>教师，生长的课程</td><td>978 - 7 - 5760 - 0609 - 4</td><td>34.00</td><td>2020 年 12 月</td></tr>
<tr><td>学校课程发展的实践范式</td><td>978 - 7 - 5760 - 0717 - 6</td><td>46.00</td><td>2020 年 12 月</td></tr>
</table>

丰富学习经历：如歌式课程的愿景与深度

<table>
<tr><td></td><td>978 - 7 - 5760 - 0785 - 5</td><td>42.00</td><td>2020 年 12 月</td></tr>
<tr><td>学校课程群设计方法</td><td>978 - 7 - 5760 - 0579 - 0</td><td>44.00</td><td>2021 年 3 月</td></tr>
</table>

学校美育课程的立体建构：菁华园课程的逻辑与框架

<table>
<tr><td></td><td>978 - 7 - 5760 - 0610 - 0</td><td>36.00</td><td>2021 年 3 月</td></tr>
<tr><td>关键学习素养与学科课程设计</td><td>978 - 7 - 5760 - 1208 - 8</td><td>34.00</td><td>2021 年 4 月</td></tr>
</table>

学校课程设计：愿景建构与深度实施

<table>
<tr><td></td><td>978 - 7 - 5760 - 1429 - 7</td><td>52.00</td><td>2021 年 4 月</td></tr>
<tr><td>生长性课程：看见儿童生长的力量</td><td>978 - 7 - 5760 - 1430 - 3</td><td>52.00</td><td>2021 年 4 月</td></tr>
<tr><td>"慧阅读"课程：儿童视角</td><td>978 - 7 - 5760 - 1608 - 6</td><td>42.00</td><td>2021 年 6 月</td></tr>
</table>

诗意栖居的课程愿景：智慧岛课程的逻辑与深度

<table>
<tr><td></td><td>978 - 7 - 5760 - 1431 - 0</td><td>44.00</td><td>2021 年 7 月</td></tr>
</table>

每一个孩子都是最重要的人：V - I - P 课程的内在意蕴与学科视角

<table>
<tr><td></td><td>978 - 7 - 5760 - 1826 - 4</td><td>54.00</td><td>2021 年 8 月</td></tr>
</table>

给每一个孩子带得走的能力：井养式课程的旨趣与探索

<table>
<tr><td></td><td>978 - 7 - 5760 - 1813 - 4</td><td>42.00</td><td>2021 年 10 月</td></tr>
</table>